Barbara Müller

Liebenswerte Stickereien

aus Omas guter Stube

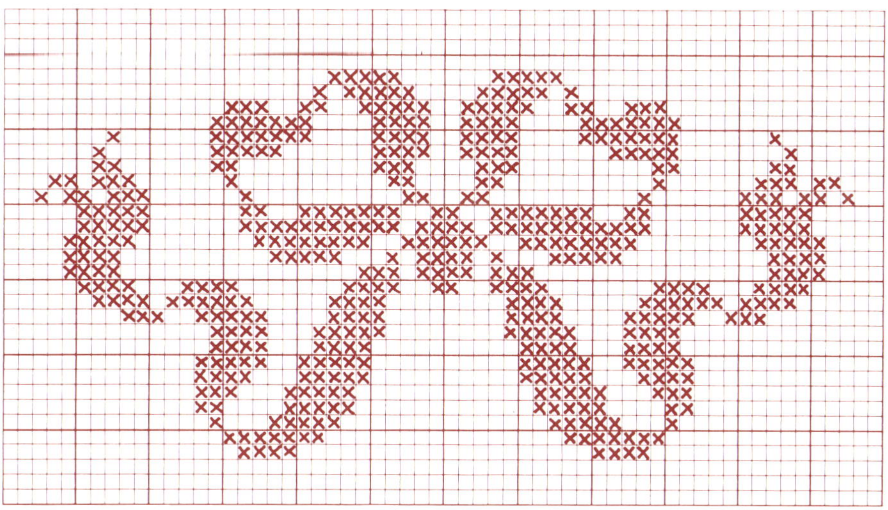

Barbara Müller

Liebenswerte Stickereien

aus Omas guter Stube

rosenheimer

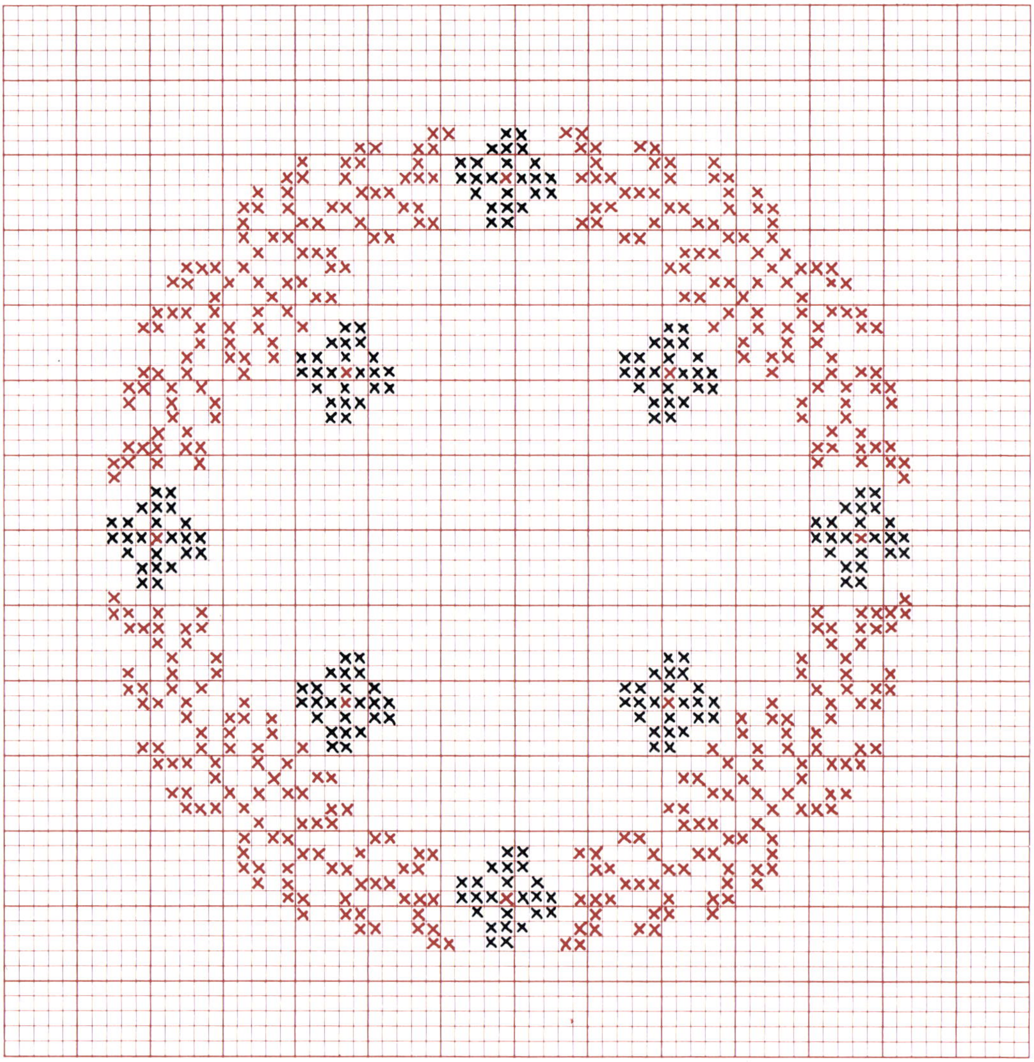

Stickmuster der Jahrhundertwende

Kreuzstichmuster sind im allgemeinen ehrwürdige, alte Muster mit langer Tradition. Im vorliegenden Bändchen finden Sie allerdings weniger alte Muster. Sie sind alle um die Jahrhundertwende erdacht und gestickt worden.
Die ersten Anregungen zu dieser Sammlung gab ein winziges Heftchen: das »Stickmuster-Buch für Damen«. Es enthält außer zahlreichen Alphabeten zum Beispiel auch das Rosenmuster von S. 12/13, dann viele Borten und Ecken. Weitere Muster stammen von einzelnen Bögen, wie sie früher zu Reklamezwecken verschenkt wurden.
Einen wesentlichen Teil der Stickmuster durfte ich aus einer umfangreichen Sammlung alter Handarbeiten abzeichnen. Der Besitzerin, Frau Kursell, möchte ich an dieser Stelle herzlich dafür danken.
Zur Zeit unserer Groß- und Urgroßmütter gehörte es zum guten Ton, daß eine Frau in ihren Mußestunden Handarbeiten anfertigte. Allerdings waren damals andere Techniken mehr in Mode. Die Zeitschrift »Mode und Haus« (in Berlin erschienen) brachte eine Fülle von Motiven für Weißstickerei, Platt- und Goldstickereien. Die einfach zu arbeitenden Kreuzstichmuster waren eher spärlich vertreten. Man benützte sie allenfalls zur Verzierung alltäglicher Gebrauchsgegenstände. So war etwa das Muster auf S. 68/69 zur Verschönerung einer Nähmaschinenhülle gedacht.
Die meisten Muster, besonders die Blumen, waren bunt gestickt. Dabei hielt man sich weder allzu streng an die Natur, noch erlegte man sich bestimmte Regeln auf, so daß Sie Ihrer Phantasie völlig freien Lauf lassen können. Ein Tip: Machen Sie von dem ausgewählten Muster eine Fotokopie und malen Sie diese dann mit Farbstiften an. So können Sie gleich sehen, wie die Stickerei in Farbe wirkt.
Da die Seiten dieses Büchleins recht klein sind, konnten manche Muster nur zur Hälfte oder zu einem Viertel aufgezeichnet werden. In solchen Fällen müssen Sie dann die fehlenden Teile gegengleich ergänzen. Dazu drehen Sie das Buch einfach in die neue Richtung und sticken von derselben Vorlage weiter.
Die neun besonders kleinen Alphabete sind vor allem zum Besticken von Hemd- und Blusenriegeln gedacht, da diese Streifen meistens sehr schmal sind. Die Riegel an fertig gekauften Hemden können Sie besticken, ohne sie abzutrennen. Dazu machen Sie einen Knoten in den Faden und stechen von innen bei einer Falte durch alle Stofflagen nach außen. Dann führen Sie den Stickfaden abgezählt über zwei oder drei Gewebefäden nur unter dem obersten Stoff durch. Vernäht wird wieder innen in einer Falte, am besten mit einem Knoten.

Für Schrankborten gibt es fertige Leinenbänder in verschiedenen Breiten vom Meter zu kaufen. Man kann sie hervorragend zählen und hat keine Mühe mit dem Saum. An vielen Schrankborten, die ich abgezeichnet habe, war in der Mitte ein Monogramm eingestickt. Die Borte wurde dann gegengleich fortgesetzt. Oft war unten auch noch eine zarte Spitze angehäkelt.
Falls Sie auf einem nicht zählbaren Stoff sticken wollen, können Sie ein Stück Stramin oder einen anderen gut zählbaren Stoff aufheften und dann durch beide Stofflagen stechen. Nach Fertigstellung ziehen Sie den Stramin in einzelnen Fäden unter der Stickerei heraus. Wenn möglich, sollten Sie den Stramin vorher anfeuchten, damit sich die Leimung löst.
Die Auswahl von Stoff und Garn richtet sich nach dem Gegenstand, den Sie arbeiten wollen. Es gibt aber ein paar Grundregeln: Der Faden soll so stark sein, daß ein Kreuzchen den darunterliegenden Stoff verdeckt, aber auch nicht so dick, daß die Stickerei Beulen wirft. Vierfachgarn ist, da es stärker gedreht ist, etwas haltbarer als Spaltgarn. Spaltgarn allerdings steht in größerer Farbauswahl zur Verfügung.
Je zarter und feiner die Stickerei gearbeitet wird, desto hübscher wirkt sie. Sie macht dann aber auch mehr Arbeit.
Ich wünsche Ihnen viel Spaß mit dem Büchlein und viele gute Ideen.

Zur fünften Auflage

Es gibt etwas zu feiern! Pünktlich zur neuen Auflage sind die kleinen »Liebenswerten Stickereien« endlich erwachsen und auch so groß wie alle anderen Rosenheimer Stickmusterbücher geworden. Sogar der Inhalt ist gewachsen. Neben den schon bekannten sind viele neue alte Stickmuster enthalten (z. B. einige flotte Sprüche, die sich besonders gut als Geschenke eignen). Viele Fotos geben Ihnen Anregungen für eigene Handarbeiten. Falls Ihnen das neue Outfit auch gefällt: Feiern Sie bitte mit. Etwas Stickgarn und Stoffreste sind doch bestimmt im Haus!
In diesem Sinne – viel Spaß am neuen alten
liebenswerten Stickbuch.

Barbara Müller

Aus
Liebe

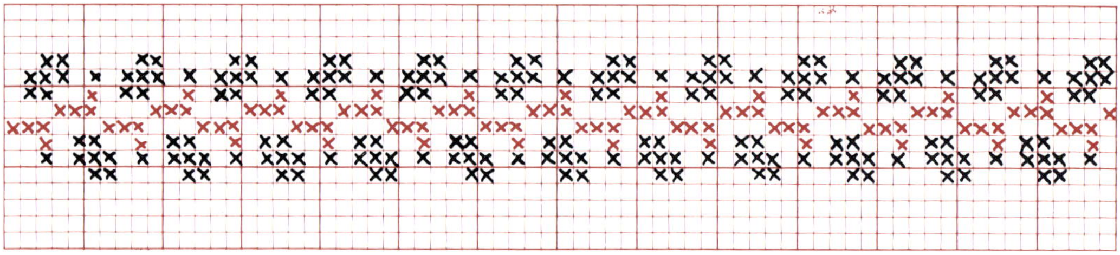

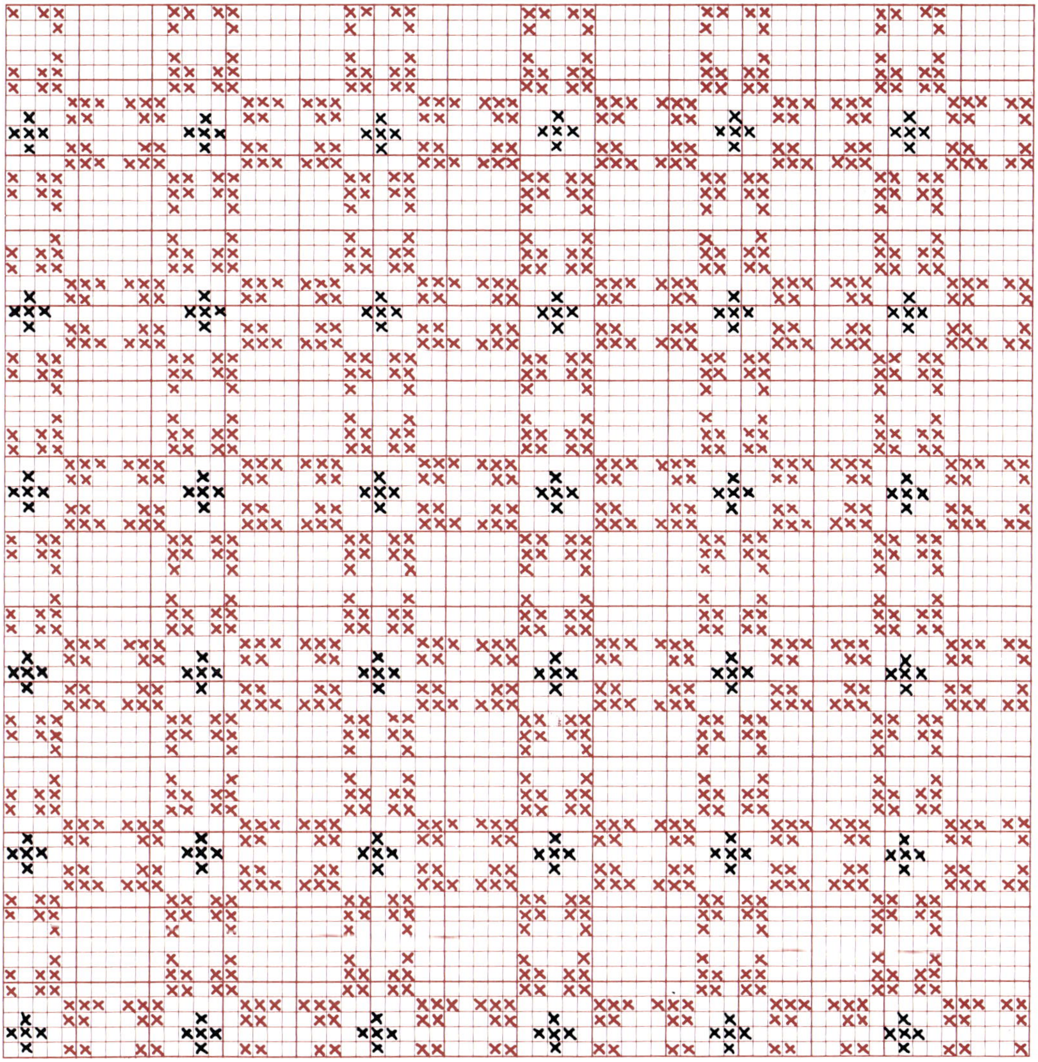

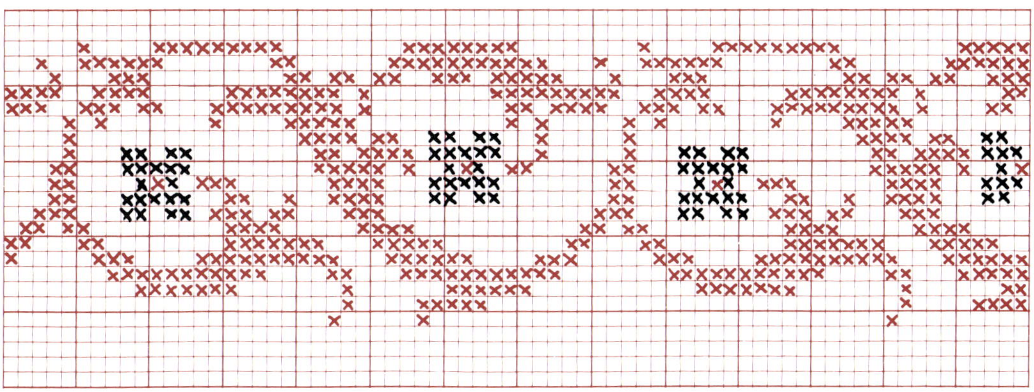

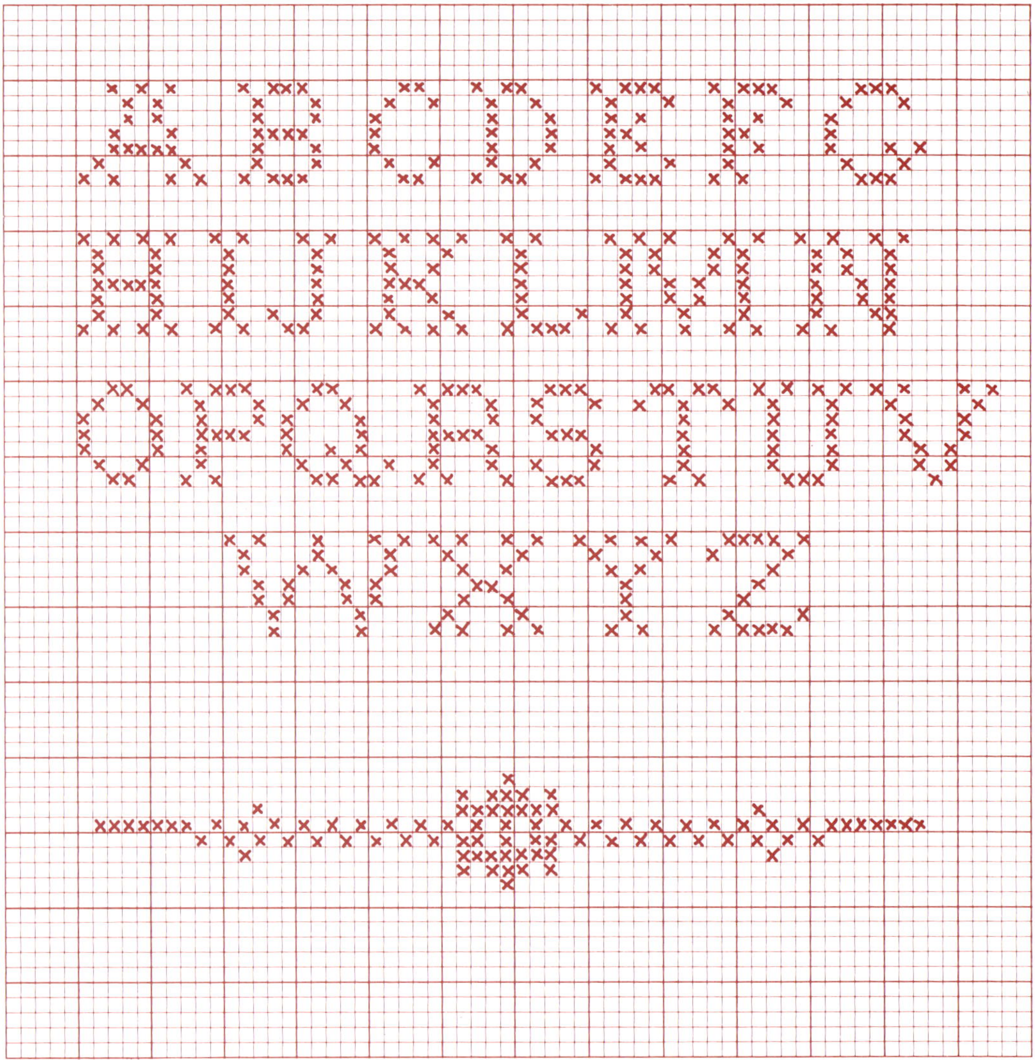
ABCDEFG
HIJKLMN
OPQRSTUV
WXYZ

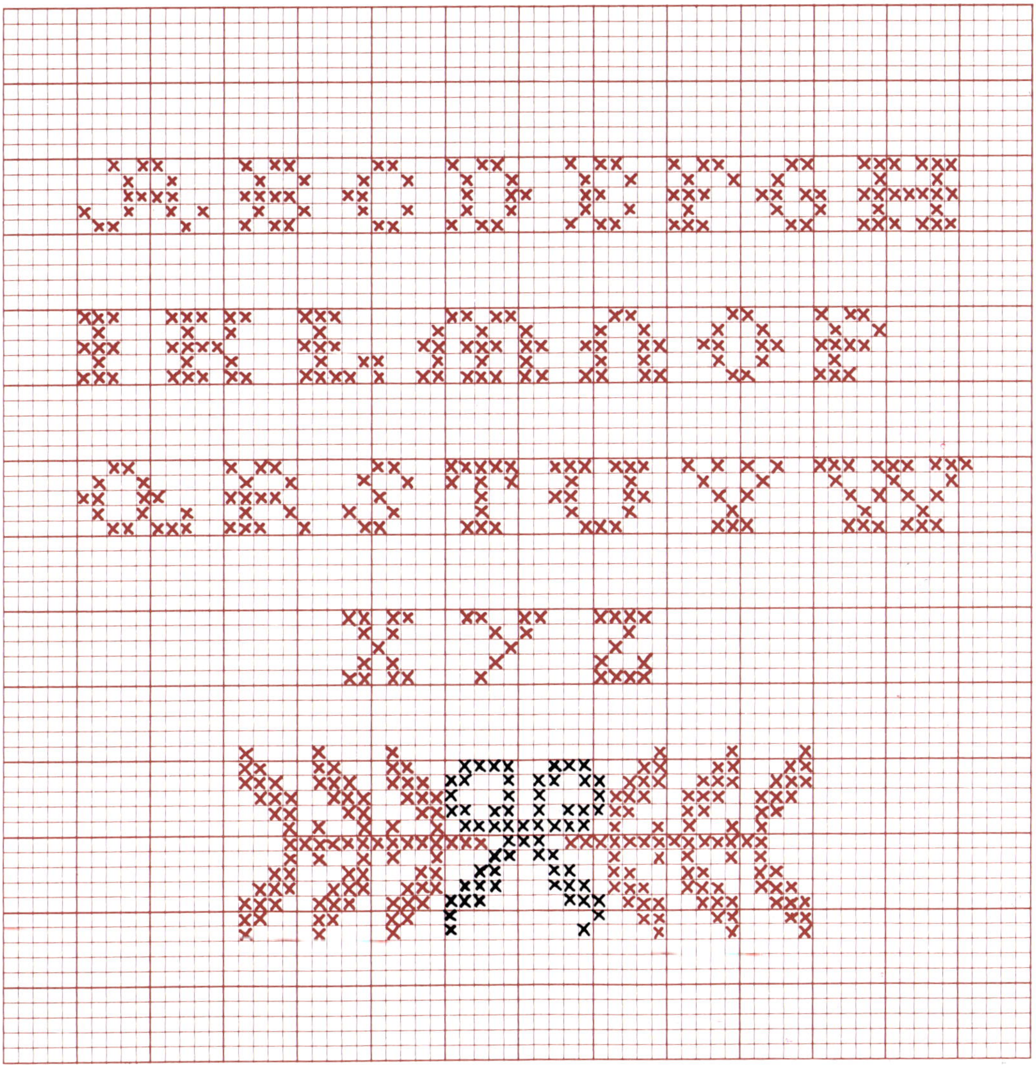

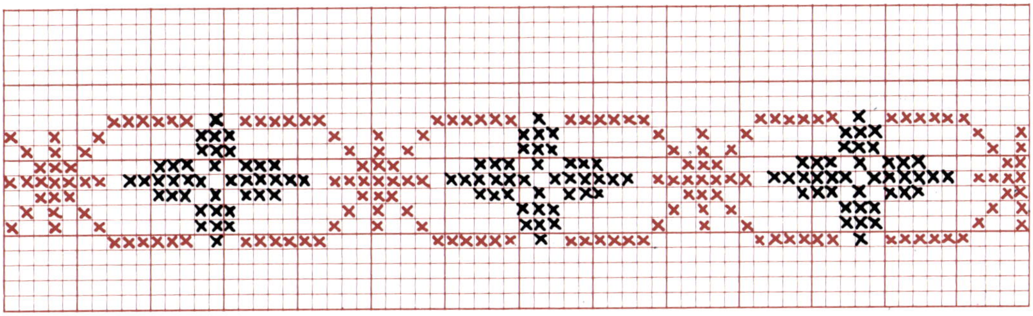

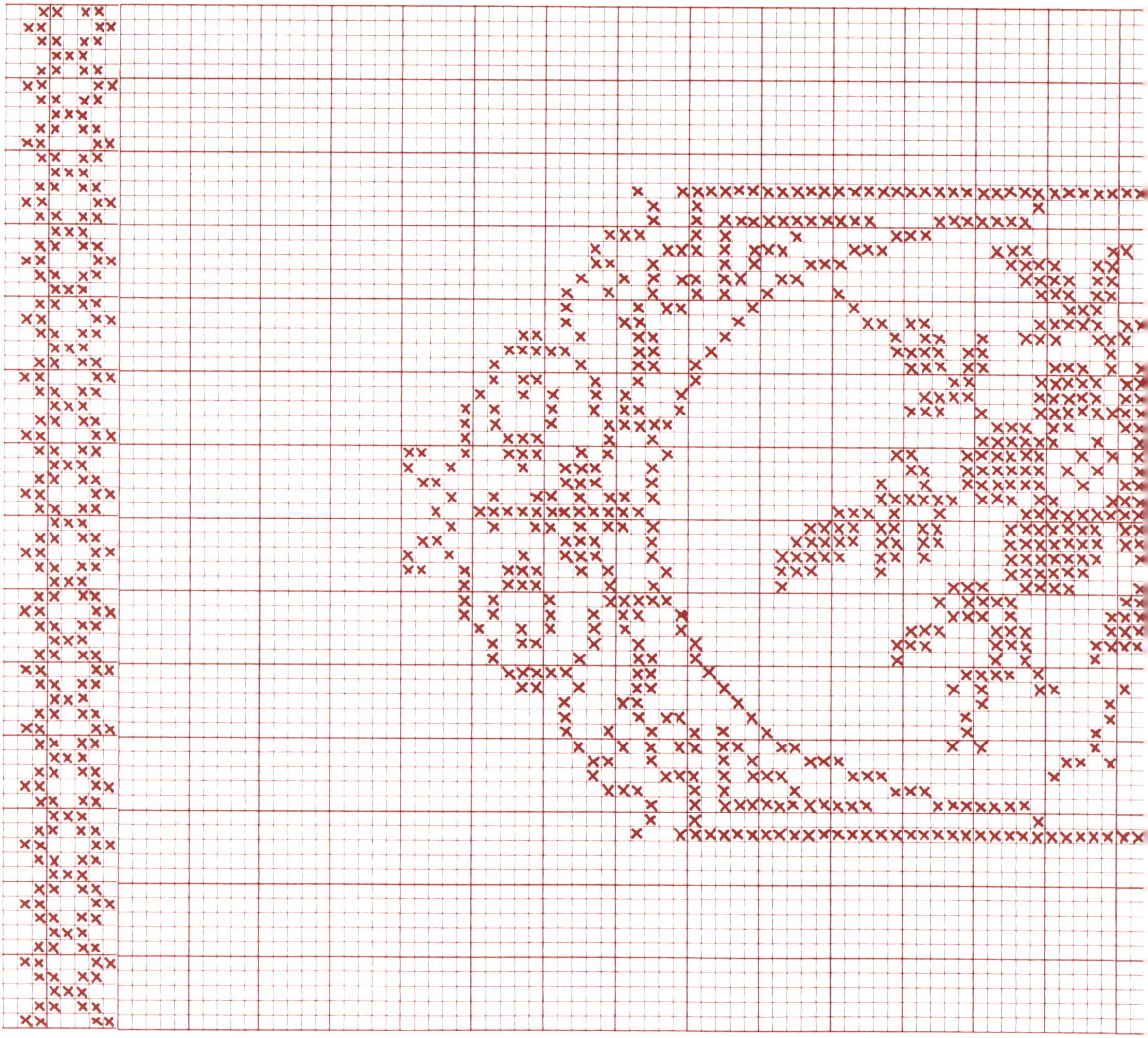

Dieses nette Rosenmuster fand ich im

Stickmuster-Buch
für
DAMEN
II. Heft
enthaltend verschiedene
Alphabete und Muster

Das Heftchen ist nur 7 x 10 cm groß und ganz zerfleddert. Laut Inschrift gehörte es einmal einer Frau Hulda Nestler. Die Muster sind alle nur schwarz gedruckt. Man kann sie aber ebenso bunt sticken. Machen Sie einfach – vielleicht zuerst mit einem Farbstift – einen Versuch!

Blaue Rosen waren zu Omas Zeiten große Mode. Es gab sie in vielen Variationen. Die Tischdecke auf Seite 39, deren Stickmuster Sie hier sehen, ist ein Erbstück aus dieser Zeit. Sechs riesige Damastservietten wurden bestickt und mit Occhi-Spitzen zusammengesetzt. Auf der nächsten Seite finden Sie noch das Randmuster der alten Decke. Weitere Rosen, dort und an anderen Stellen im Buch, regen Sie vielleicht an, eine eigene Decke zu entwerfen.

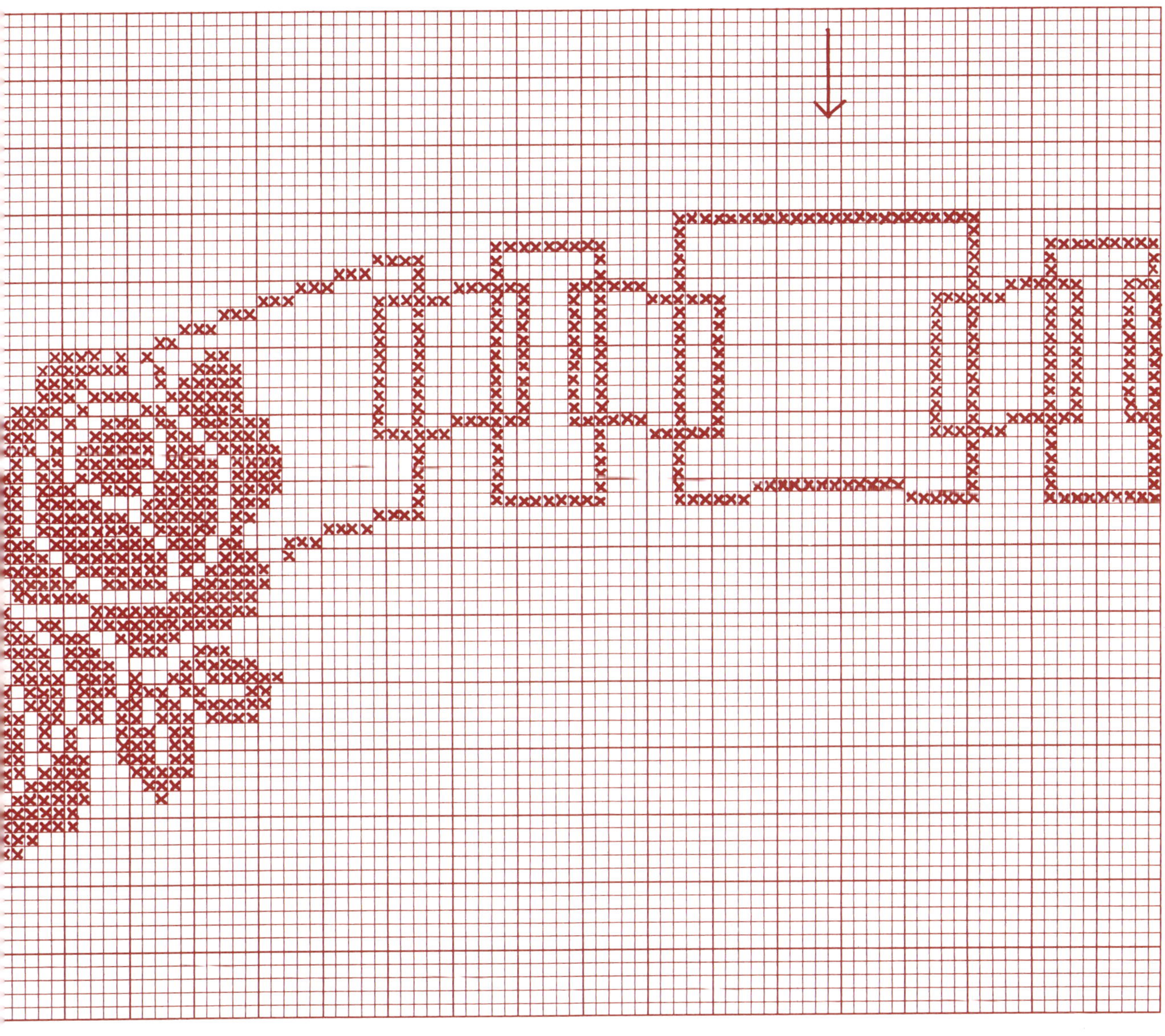

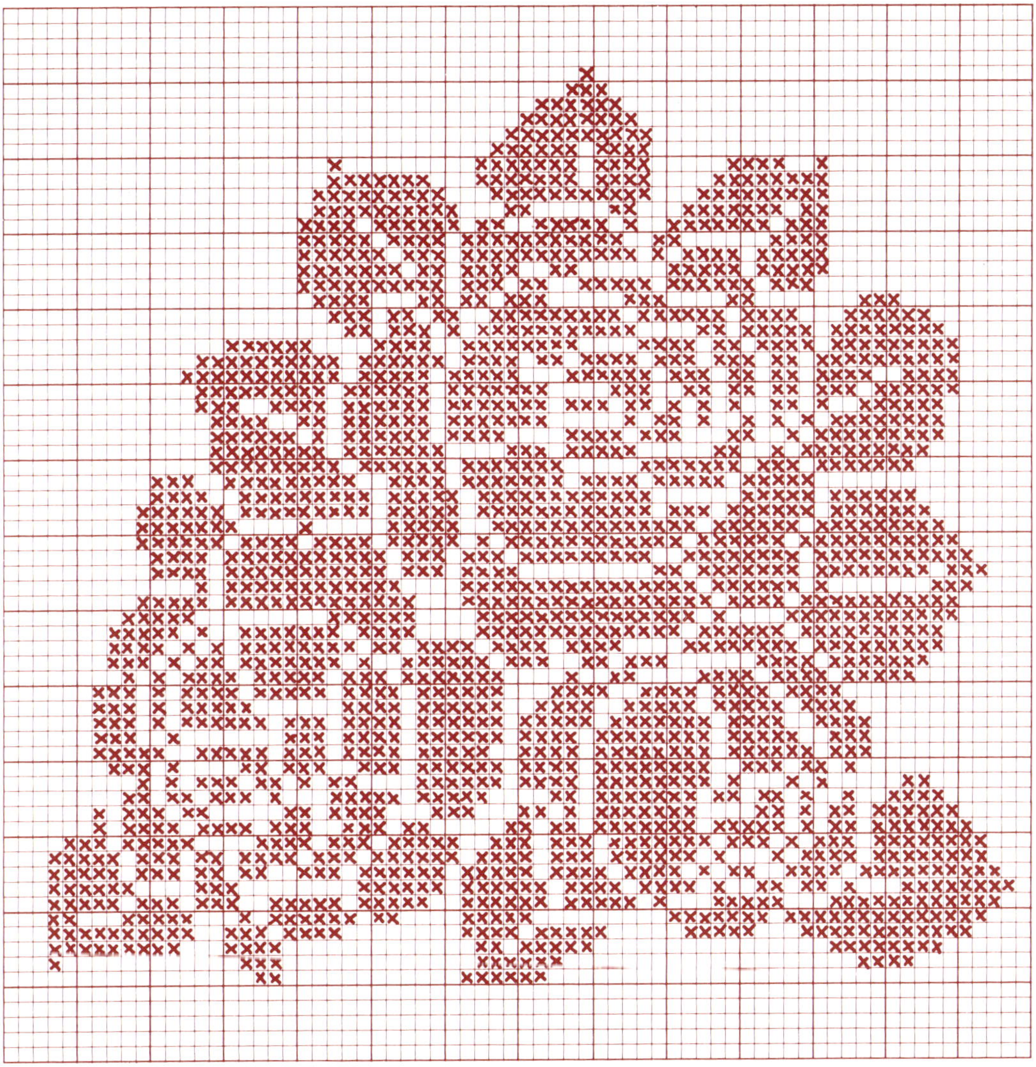

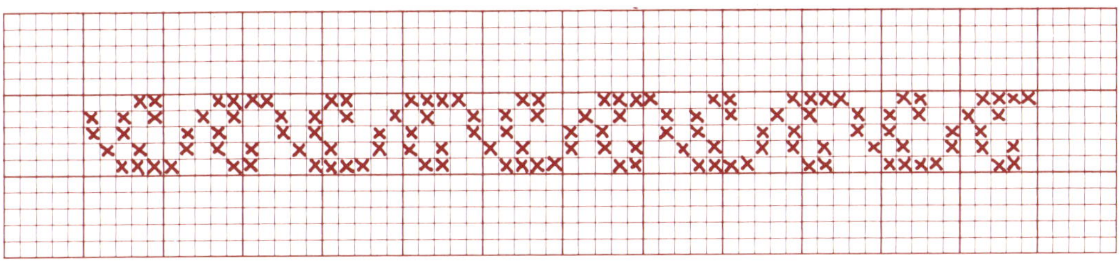

Das Farbbild auf der gegenüberliegenden Seite zeigt Ihnen, wie aus Stoff- und Stickgarnresten mit diesen kleinen Mustern Marmeladengläser zu kleinen Geschenken werden, welche bekanntlich die Freundschaft erhalten.

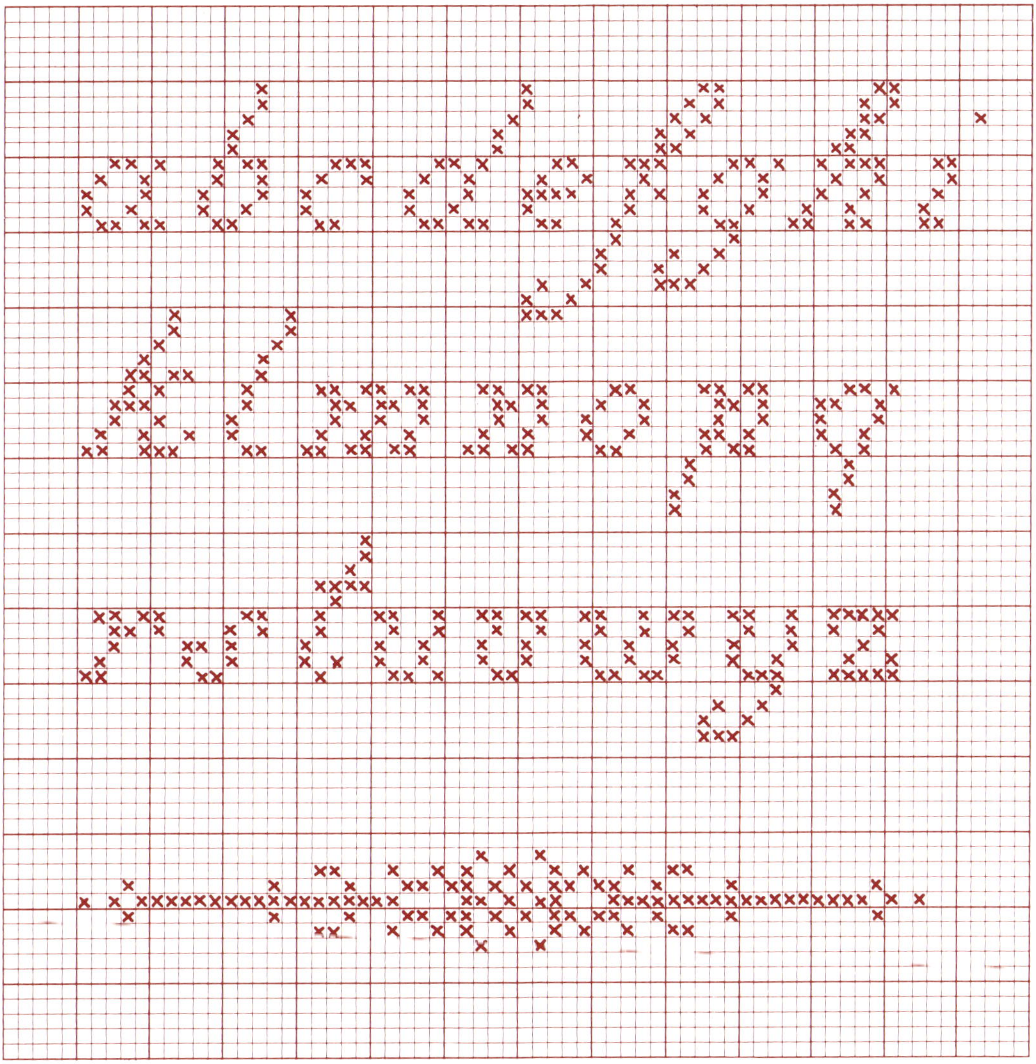

Diese beiden Alphabete kann man zu einem richtigen Schriftzug ordnen. Ein Beispiel können Sie auf dem Bucheinmerker für Margit (Seite 23) sehen. Es ist aber gut, wenn man sich den beabsichtigten Text vorher aufzeichnet.

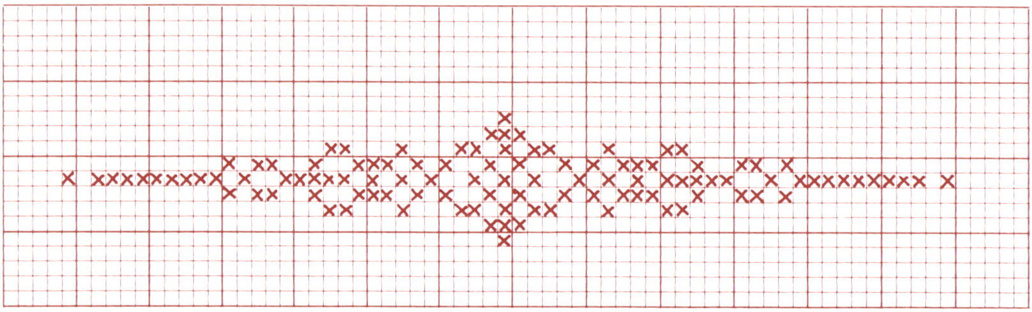

Omas liebenswerte Stickereien
FÜR TRIXI
Margit
B

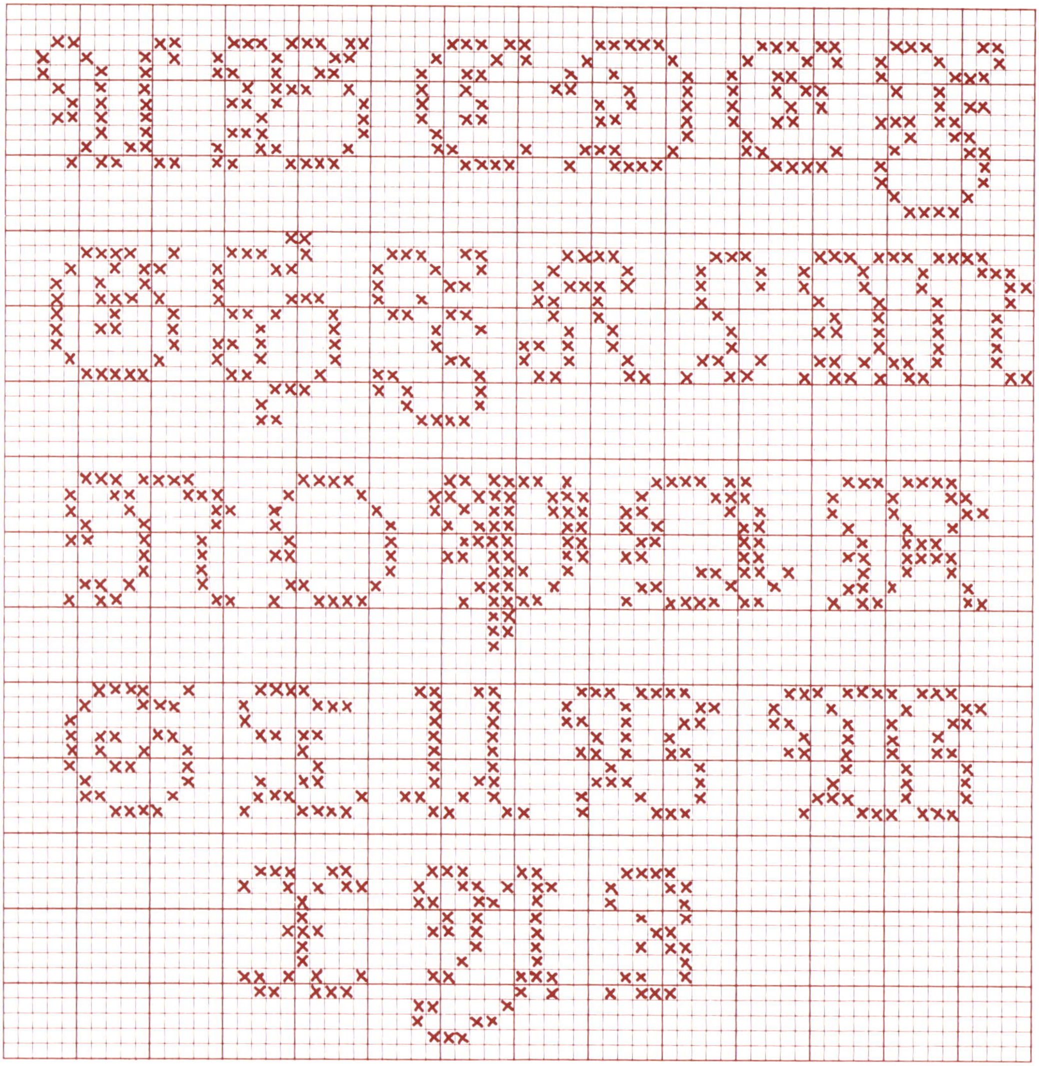

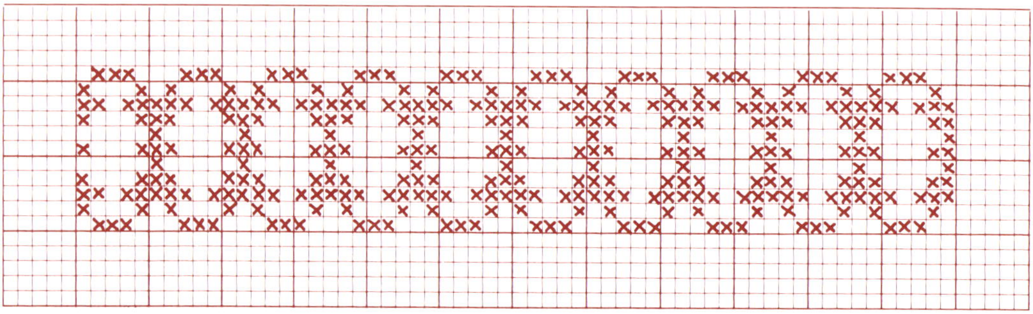

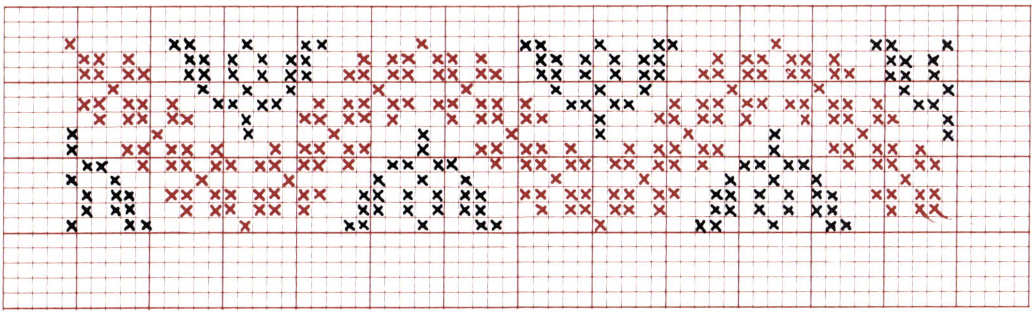

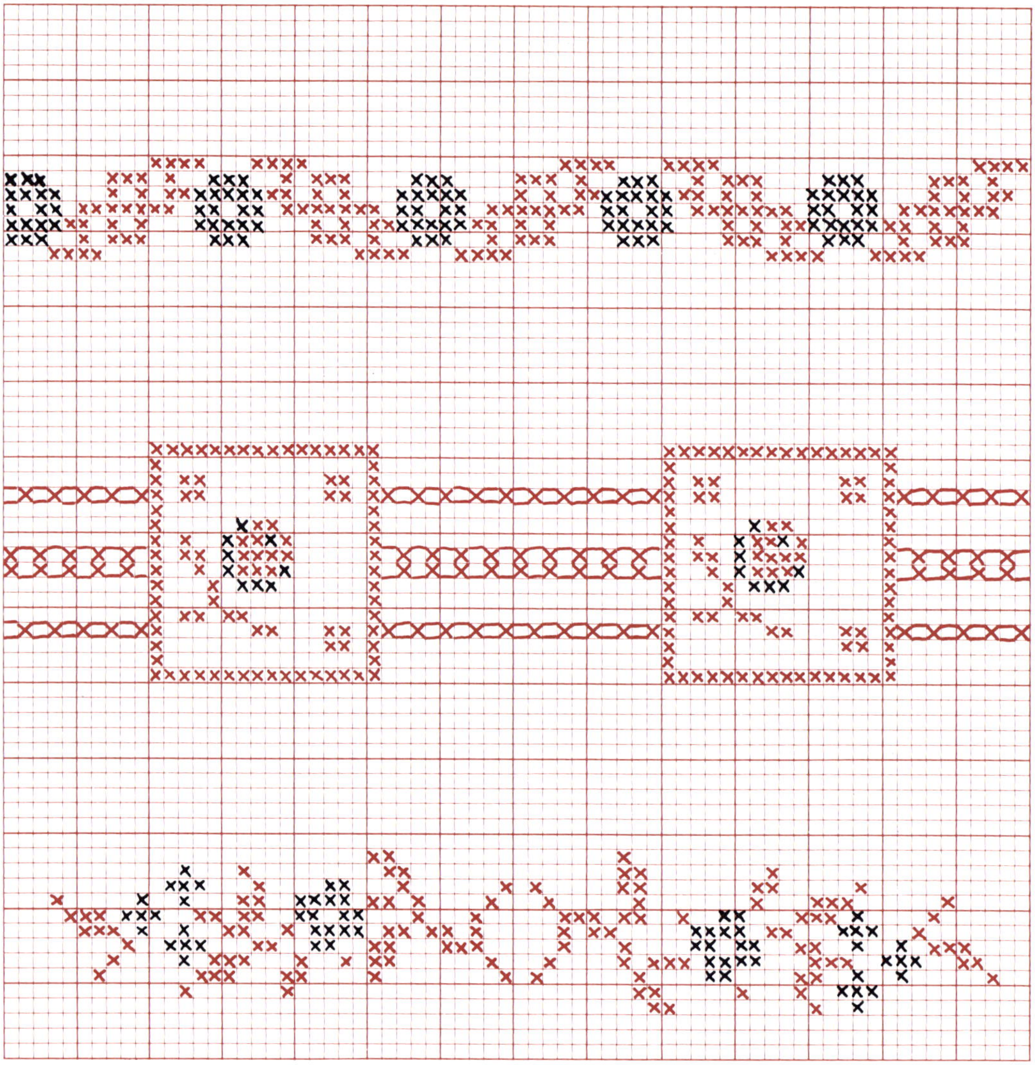

▶

Nach diesem Muster entstand ein Deckchen (Foto Seite 63).
Ich habe dafür feines Leinen mit 2fädigem MEZ-Sticktwist in den Farben Nr. 130 und 133 bestickt. Für größere Decken kann man das Quadrat auch zur „Borte" erweitern.

Aus dem „Stickmuster-Buch für Damen“ stammt dieses wunderschöne Muster. Für das Sofakissen (siehe Seite 35) habe ich es auf naturfarbenes Seidenleinen gestickt. Die Unregelmäßigkeit des Stoffes tut der Stickerei keinen Abbruch. Auf die gesamte Fläche gleichen sich die großen und kleinen Kreuzchen wieder aus. Passend zum Stoff des Kissens habe ich mit MEZ-Sticktwist Nr. 876 gearbeitet. Das bestickte Seidenleinen ist auf die Kissenhülle aufgenäht und die Naht mit Occhi-Spitze verziert.

Nr. 11. Papierkorb. Tapisseriearbeit.
(Dessin: Vorders. d. Suppl., Nr. 16.)

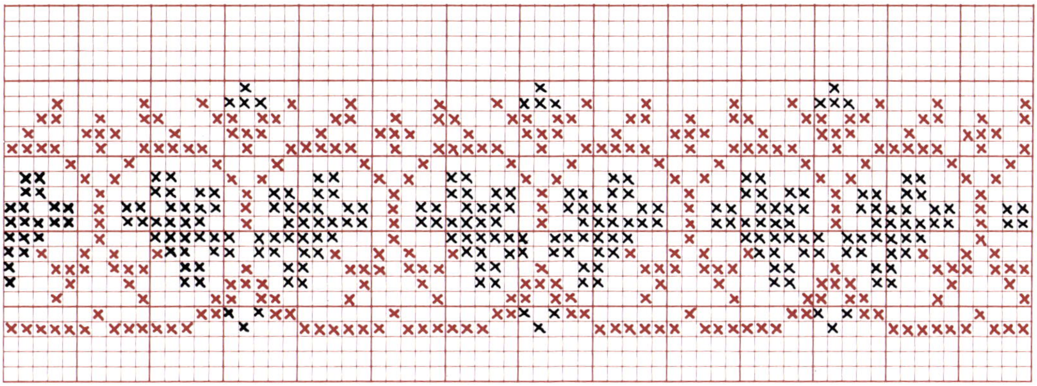

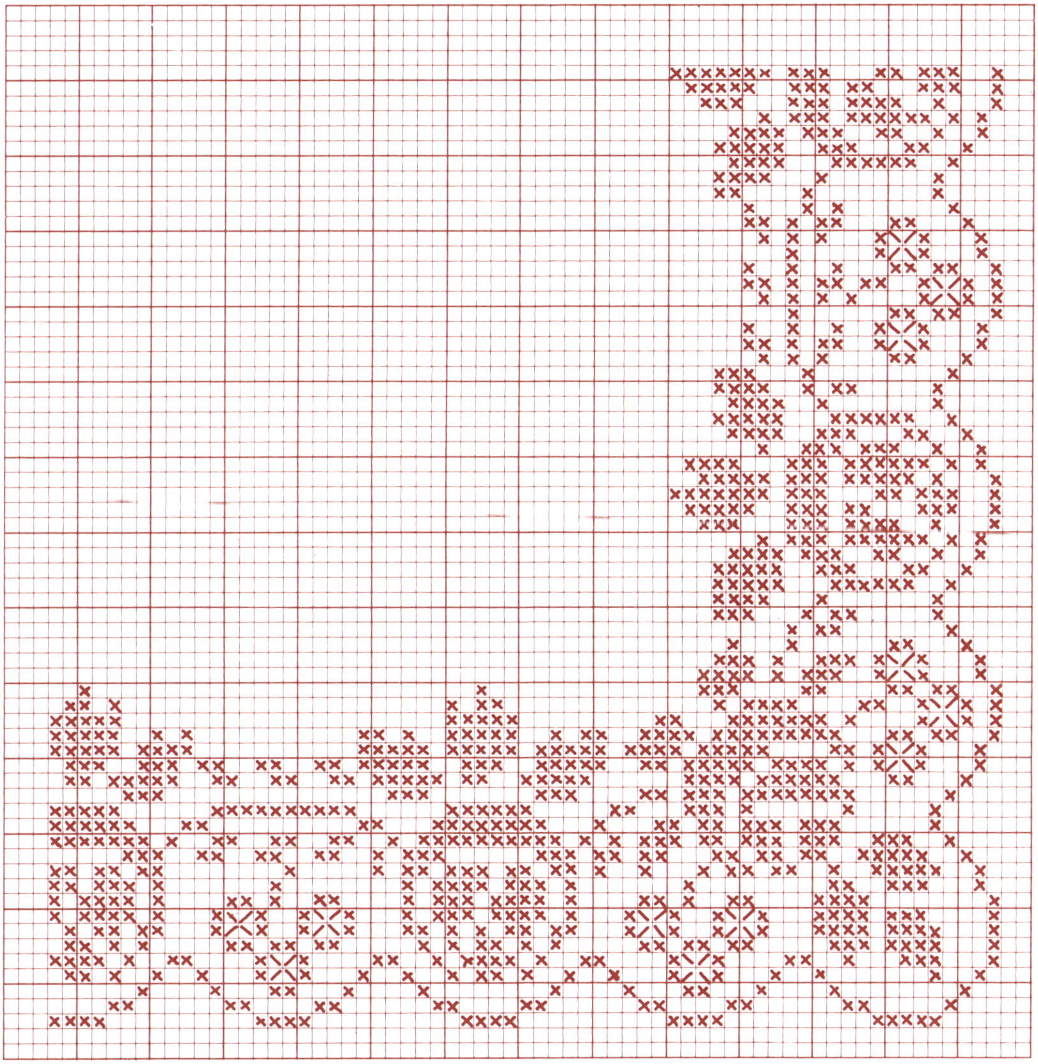

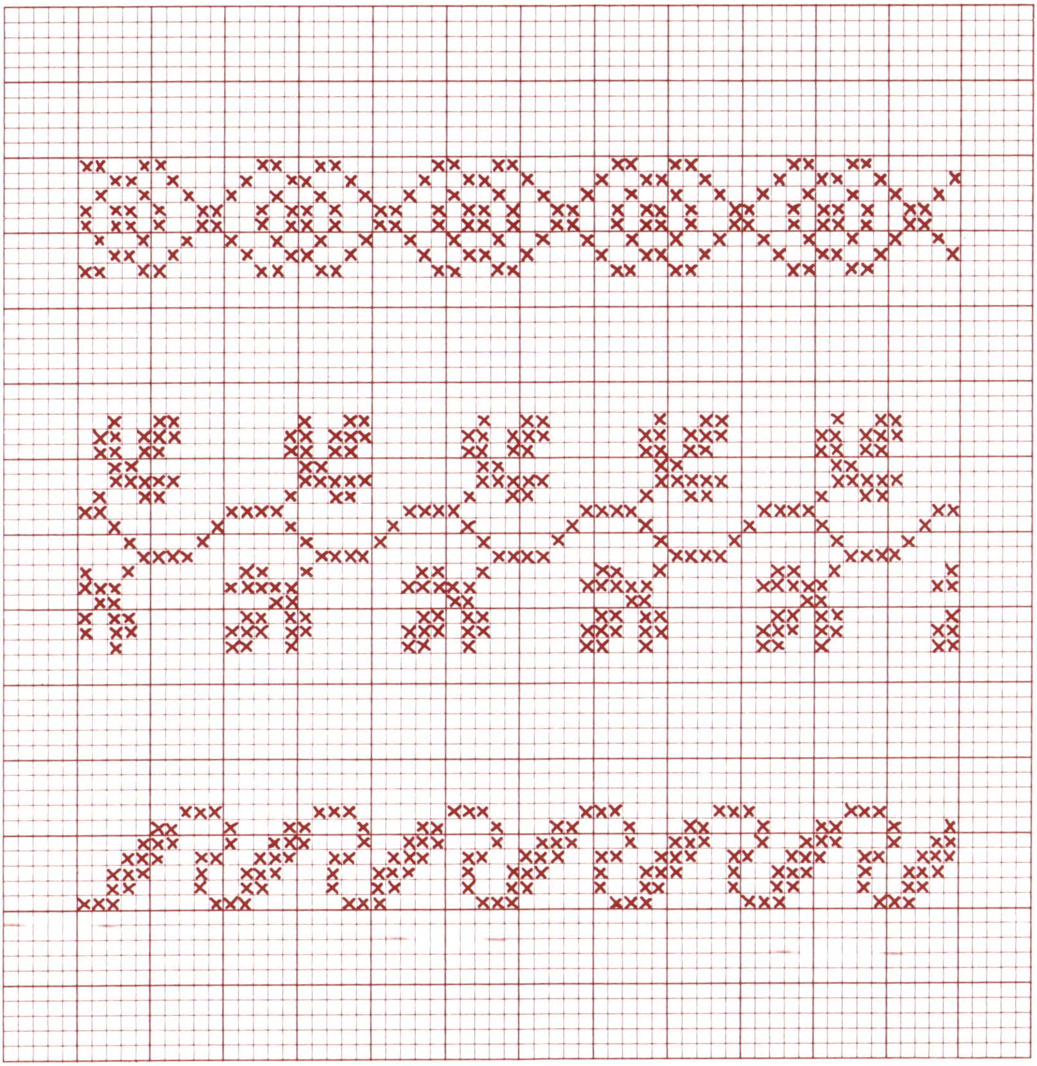

◀
Das alte Originalstickmuster für das Sofakissen (Foto Seite 35) ist eigentlich einfarbig. Ich fand das ein wenig langweilig und habe es zweifarbig gestickt (MEZ-Sticktwist Nr. 966 und 972).

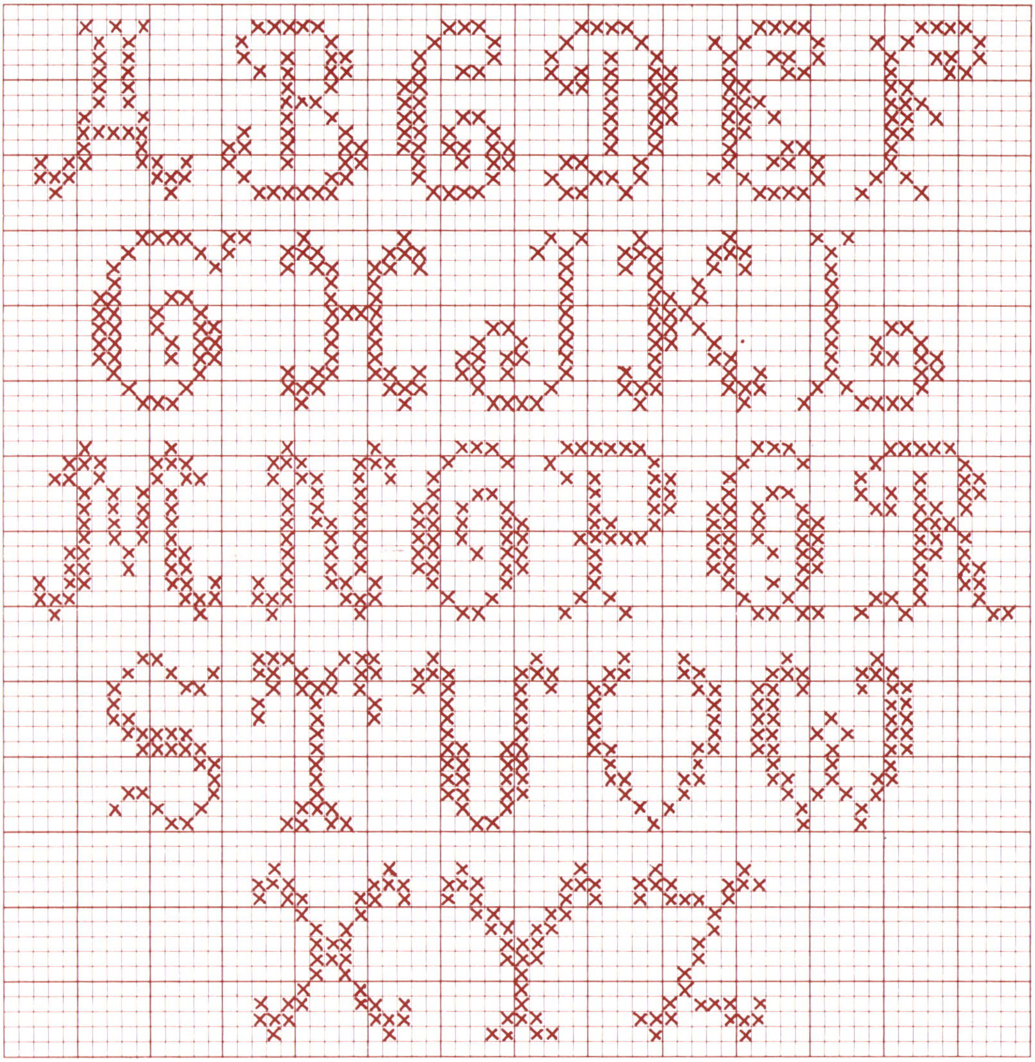

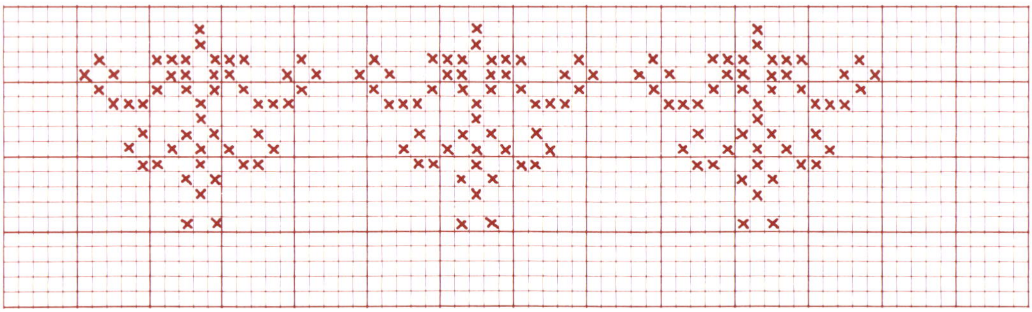

ABCDEFG
HIJKLMN
OPQRSTU
VWXYZ
1234567890

Auch dieses Muster stammt aus dem „Stickmuster-Buch für Damen“.
Ich habe es für ein Stuhllehnen-Kissen verwendet. Wie es – zweifarbig – gestickt aussieht, können Sie auf Seite 19 sehen.

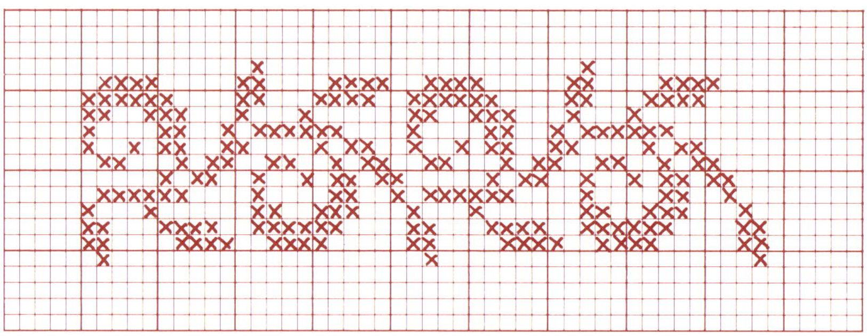

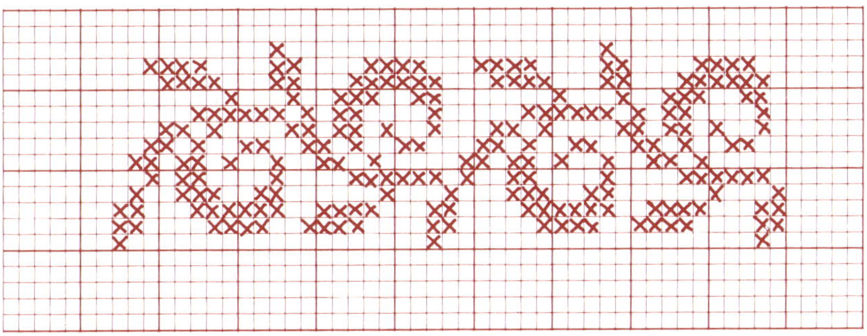

Diese Lilie können Sie auf der gegenüber abgebildeten Briefkarte sehen. Sie ist in Filetstopfstich gearbeitet. Als Untergrund braucht man Filetnetz. In guten Handarbeitsgeschäften gibt es diese Netze in verschiedenen Stärken zu kaufen. Ich habe eines verwendet, das 9 Löcher pro cm hat. Gestopft habe ich mit einfädigem Sticktwist.
Die nebenstehende Graphik zeigt die einfache Technik. Man nimmt abwechselnd einen Netzfaden auf, einen unter die Nadel, bis die Netzlöcher gut gefüllt sind.

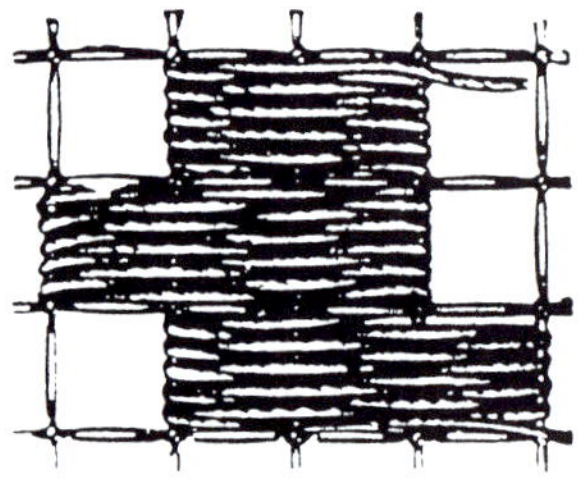

Für Renate und Andrea habe ich mit diesen Mustern Serviettentaschen (Foto Seite 47) gestickt. Der Stoff ist ein gut zählbares Halbleinen mit 11 Fäden pro cm. Der Zuschnitt für eine Tasche beträgt 30 x 48 cm. Die fertige Tasche wird dann 14 x 26 cm groß. An drei Seiten ist der Hohlsaum 1 cm, auf der gestickten Seite 2 cm tief.

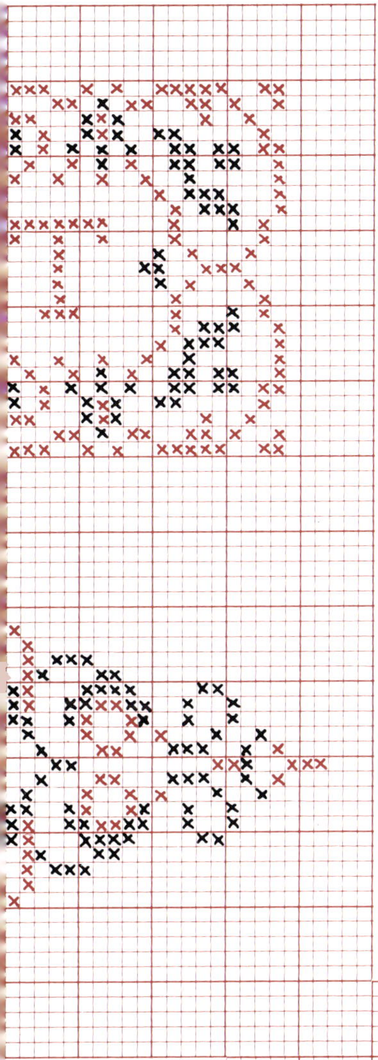

Nr. 3 Arbeitsbehälter
Schnitt: Rücks. d. Suppl., Nr. XVIII, Fig. 58.

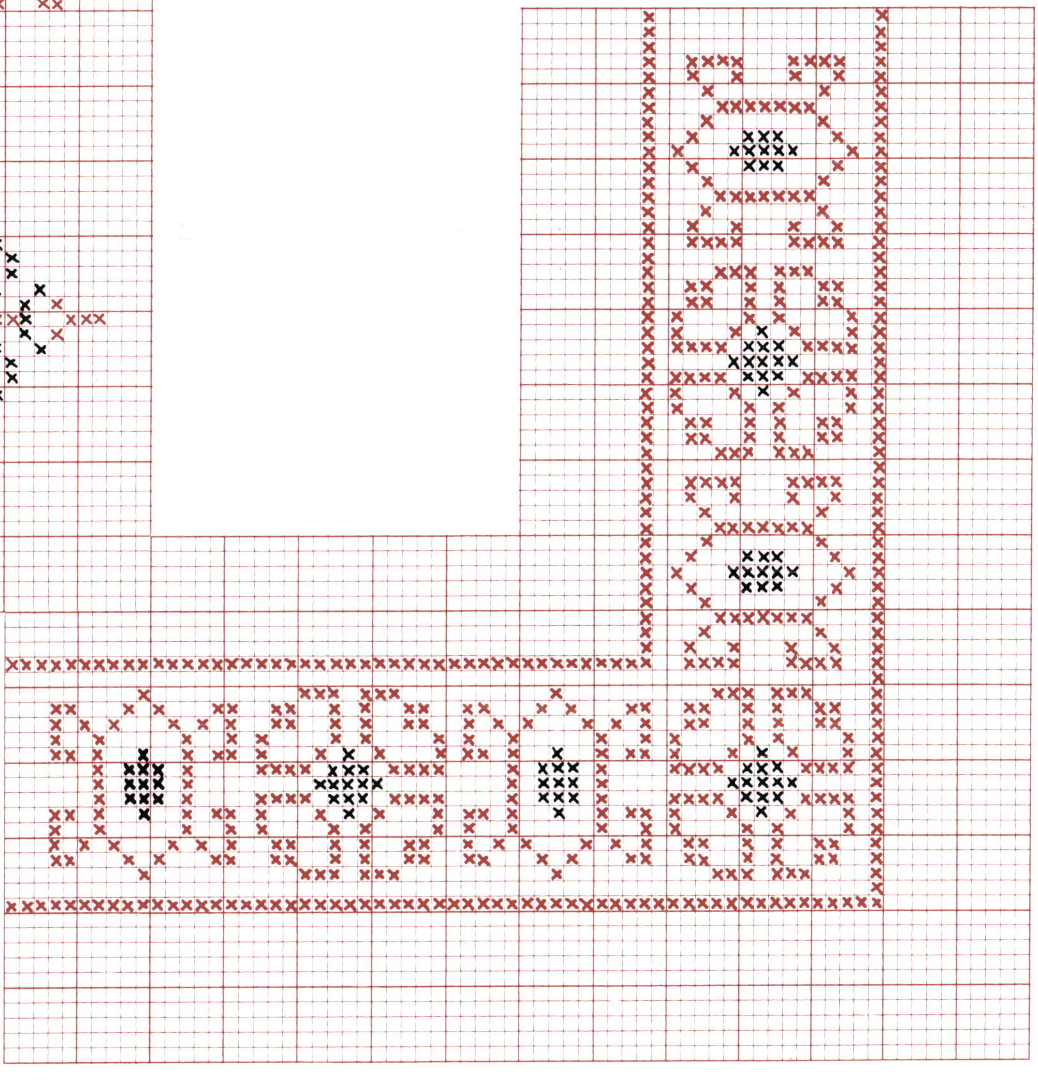

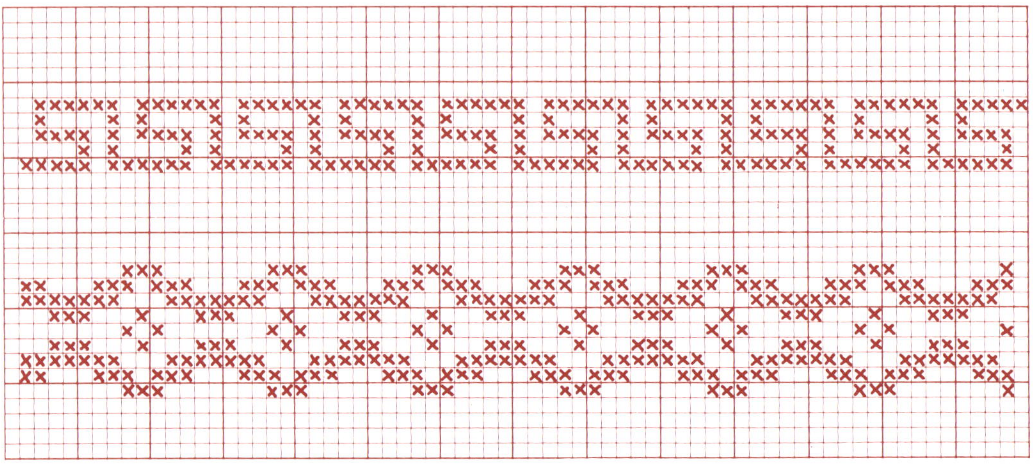

RENATE
ANDREA

Einige der Muster in diesem Buch sind von alten Stickmustertüchern abgezeichnet. Diesen Blütenzweig fand ich auf einem Tuch, dessen Jahreszahl leider nicht mehr lesbar war. Er war dort einfarbig dunkelblau gestickt. Ich finde, daß man ihn auch sehr gut farbig sticken könnte.

Das Foto auf Seite 23 zeigt eine ganze Kollektion von Lesezeichen. Sie sind alle auf Bänder gestickt, die man vom Meter kaufen kann. Es gibt sie in vielen Variationen. Einige der verwendeten Muster finden Sie auf diesen beiden Seiten. Ich habe die Muster zweifarbig gestickt, weil es für diesen Zweck hübscher und abwechslungsreicher zu arbeiten ist.

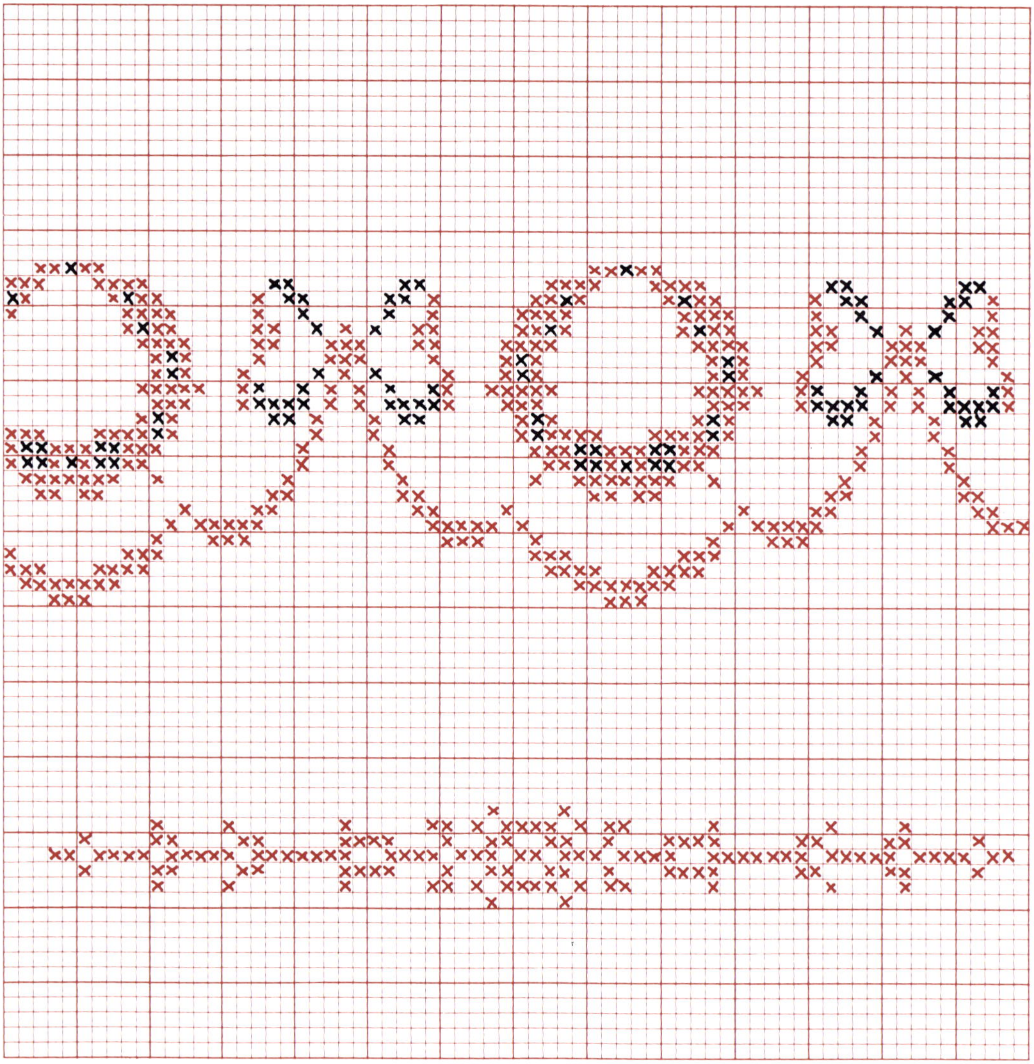

Diese beiden Muster sehen Sie auf dem Foto Seite 23. Das Blütenkränzchen mit den Schleifen zierte bis zur 4. Auflage das Titelbild dieses Buches.
Aus dem unteren Muster wurde auf einer 1,5 cm breiten Leinenborte ein Lesezeichen für Trixi (Alphabet Seite 10).

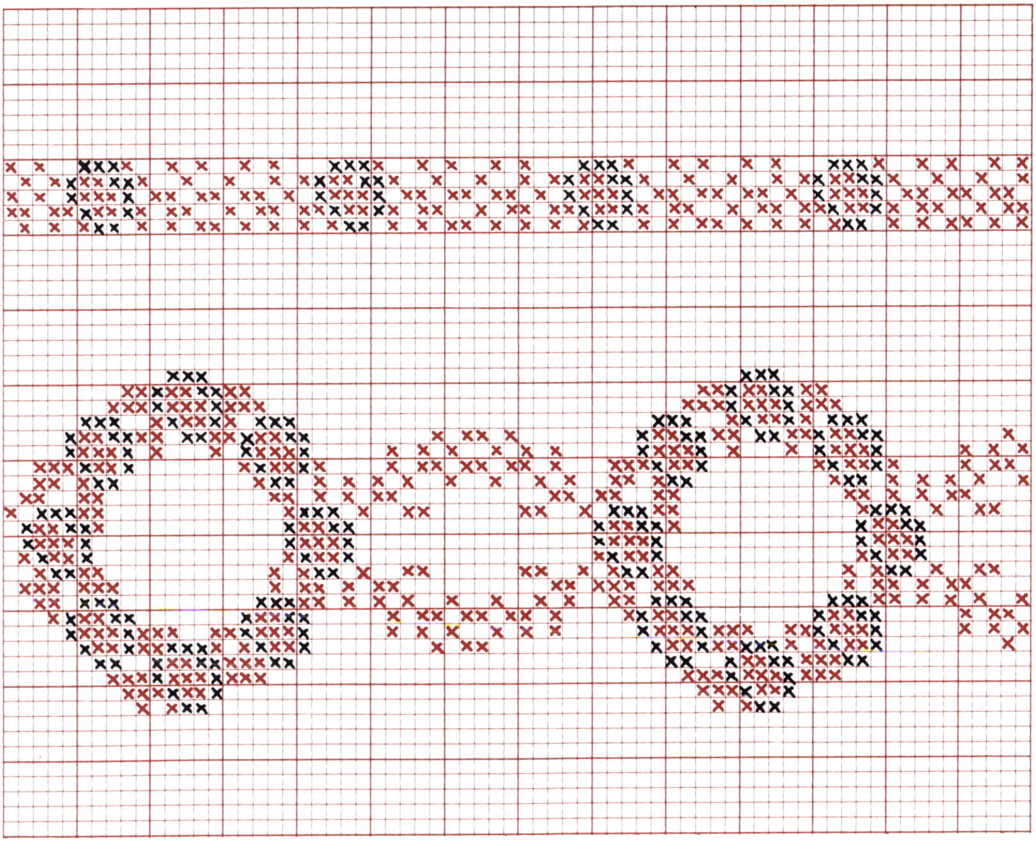

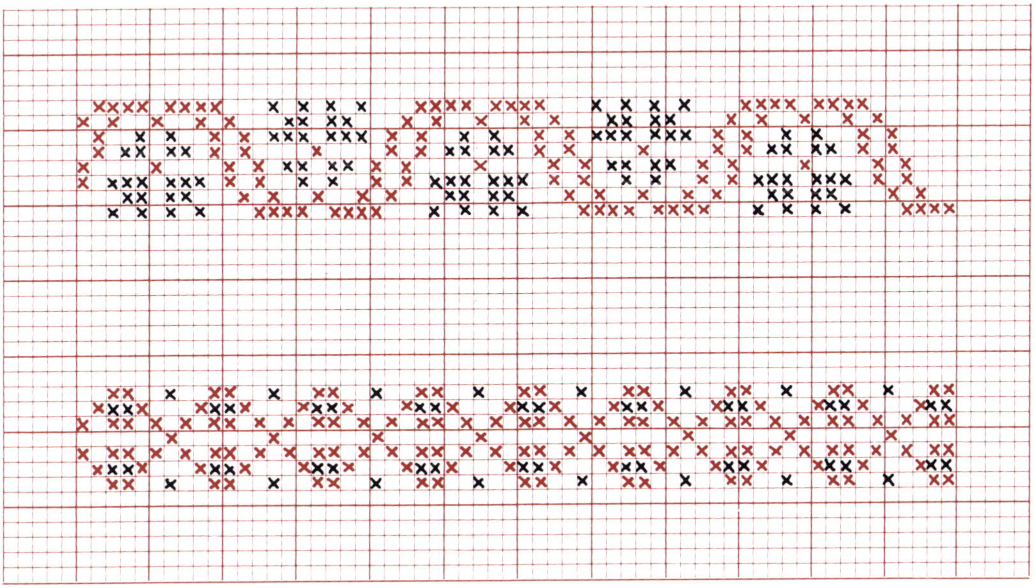

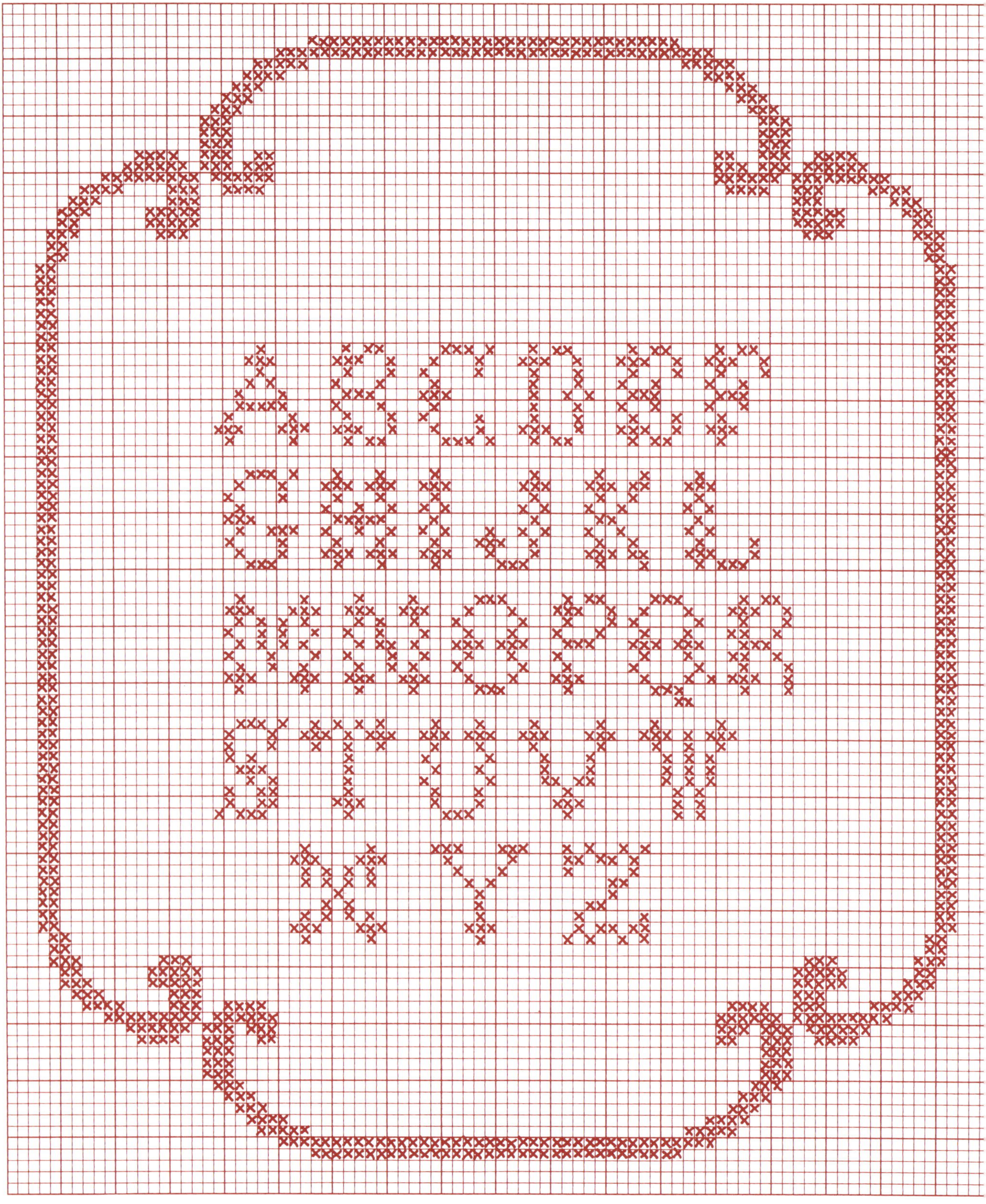
ABCDEF
GHIJKL
MNOPQR
STUVW
XYZ

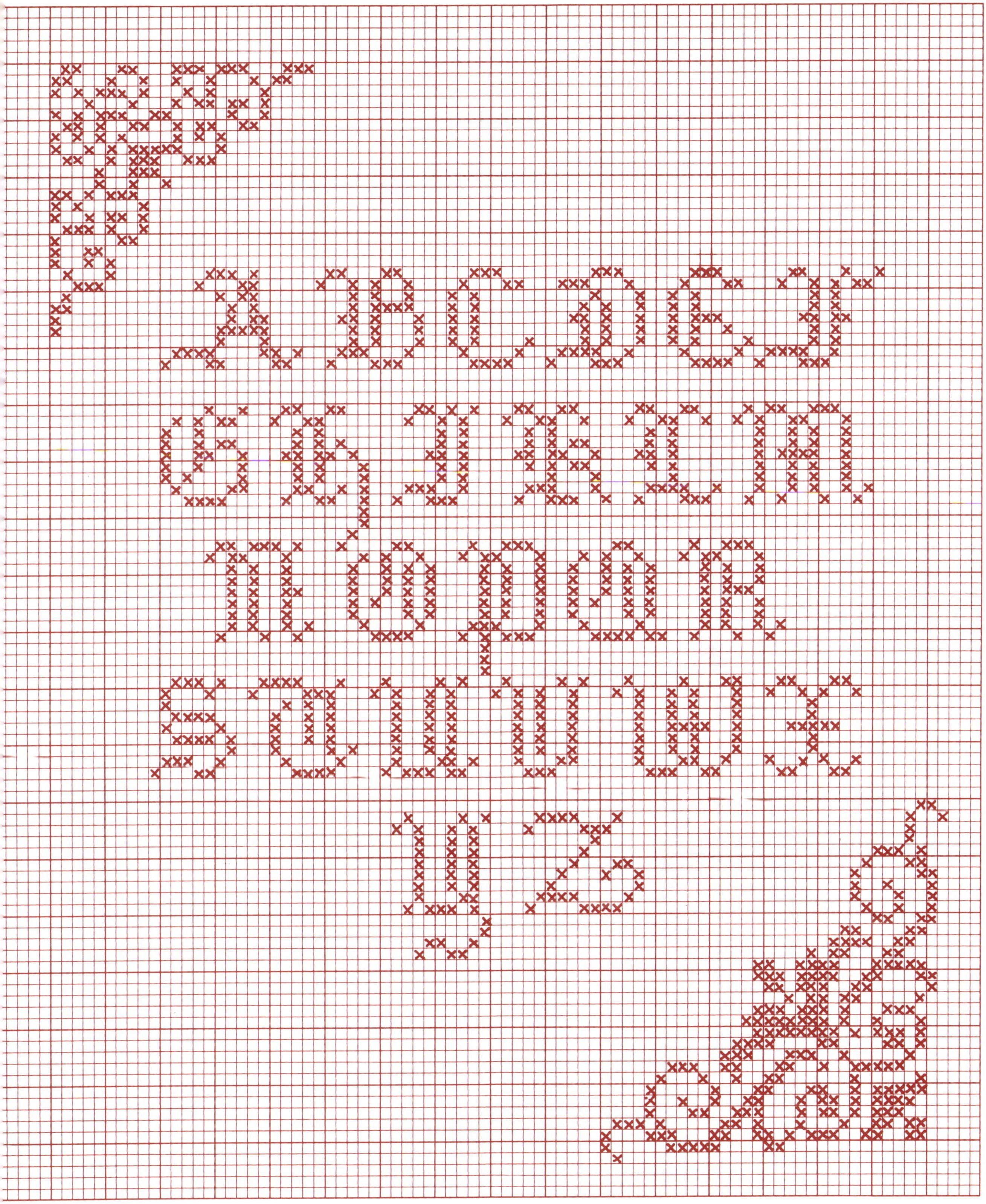

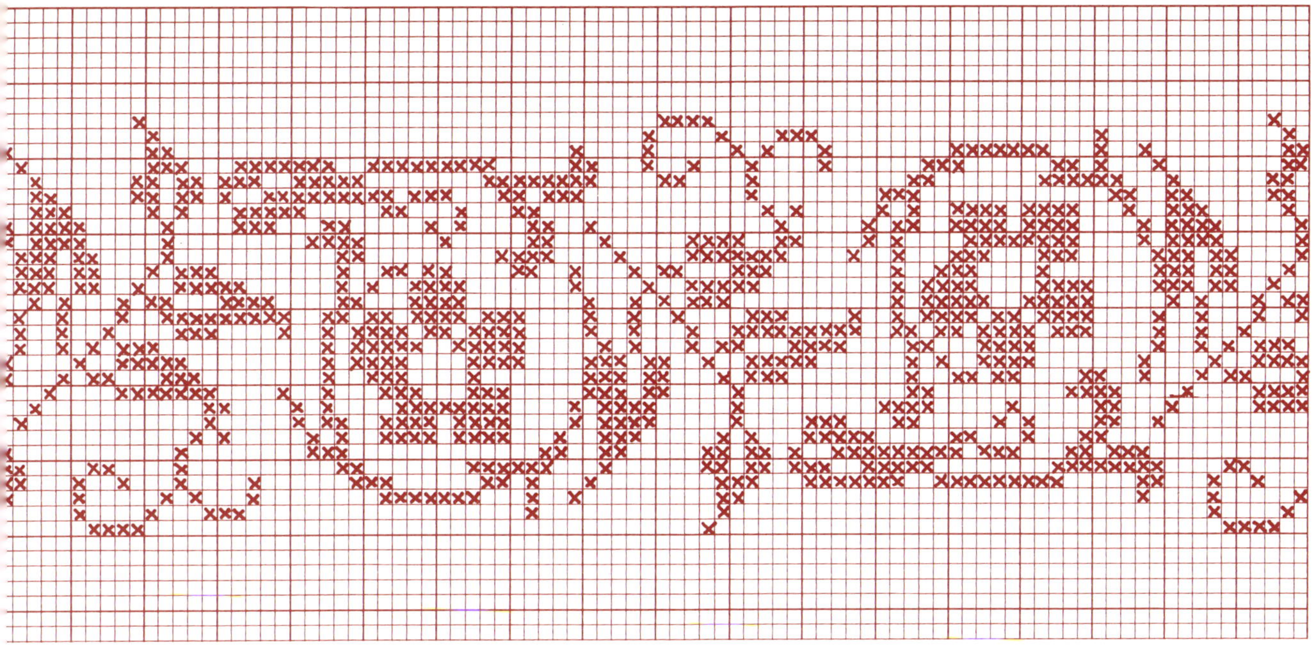

Hermine Eichenauer hat dieses Muster 1890 auf ein Sticktuch gestickt.
Ich habe es auf ein kleines Waffelhandtuch mit eingewebter Aidaborte nachgearbeitet (siehe Foto Seite 19). Den MEZ-Sticktwist habe ich zweifädig verarbeitet: blau Nr. 126, grün Nr. 861.

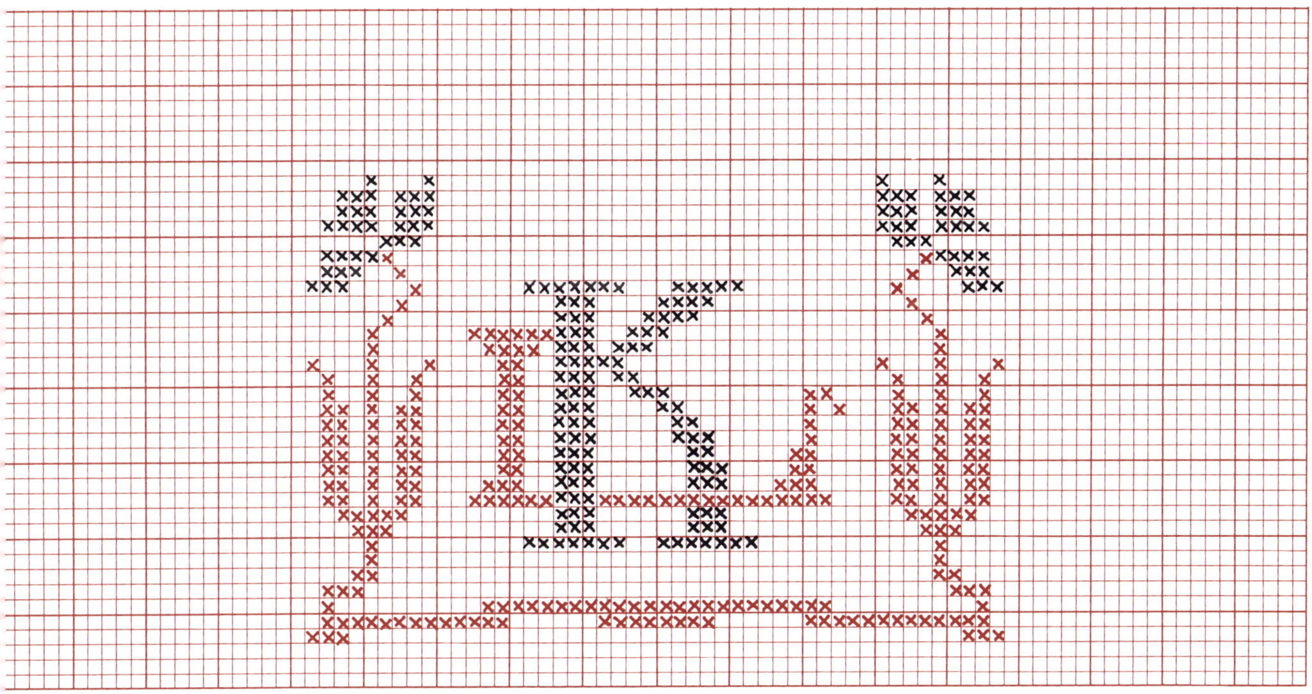

Einen Ausschnitt dieses Musters können Sie auf Seite 19 sehen. Auf dem Deckchen sind 4 Kreise und 9 „Zwischenquadrate" gestickt.

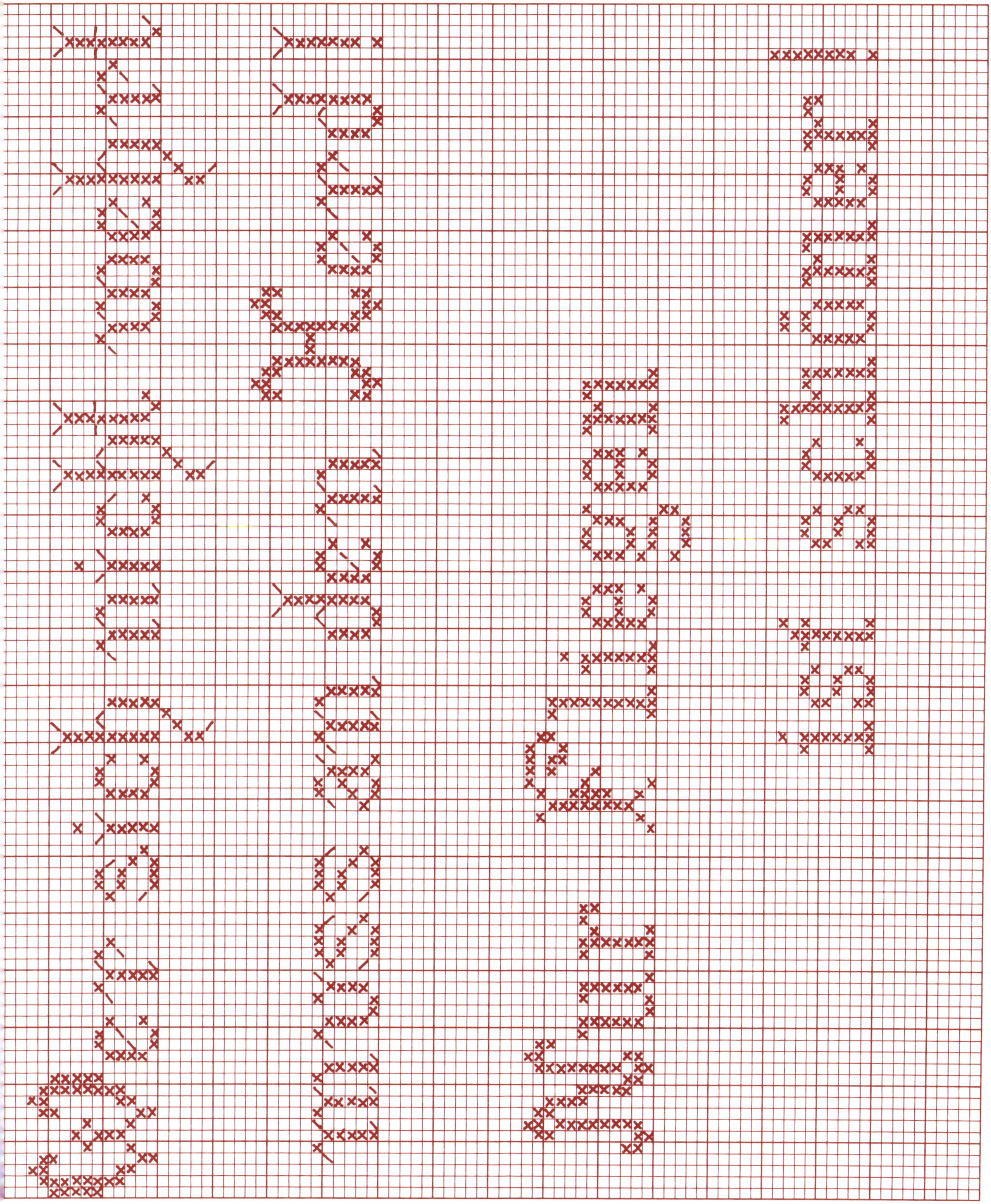

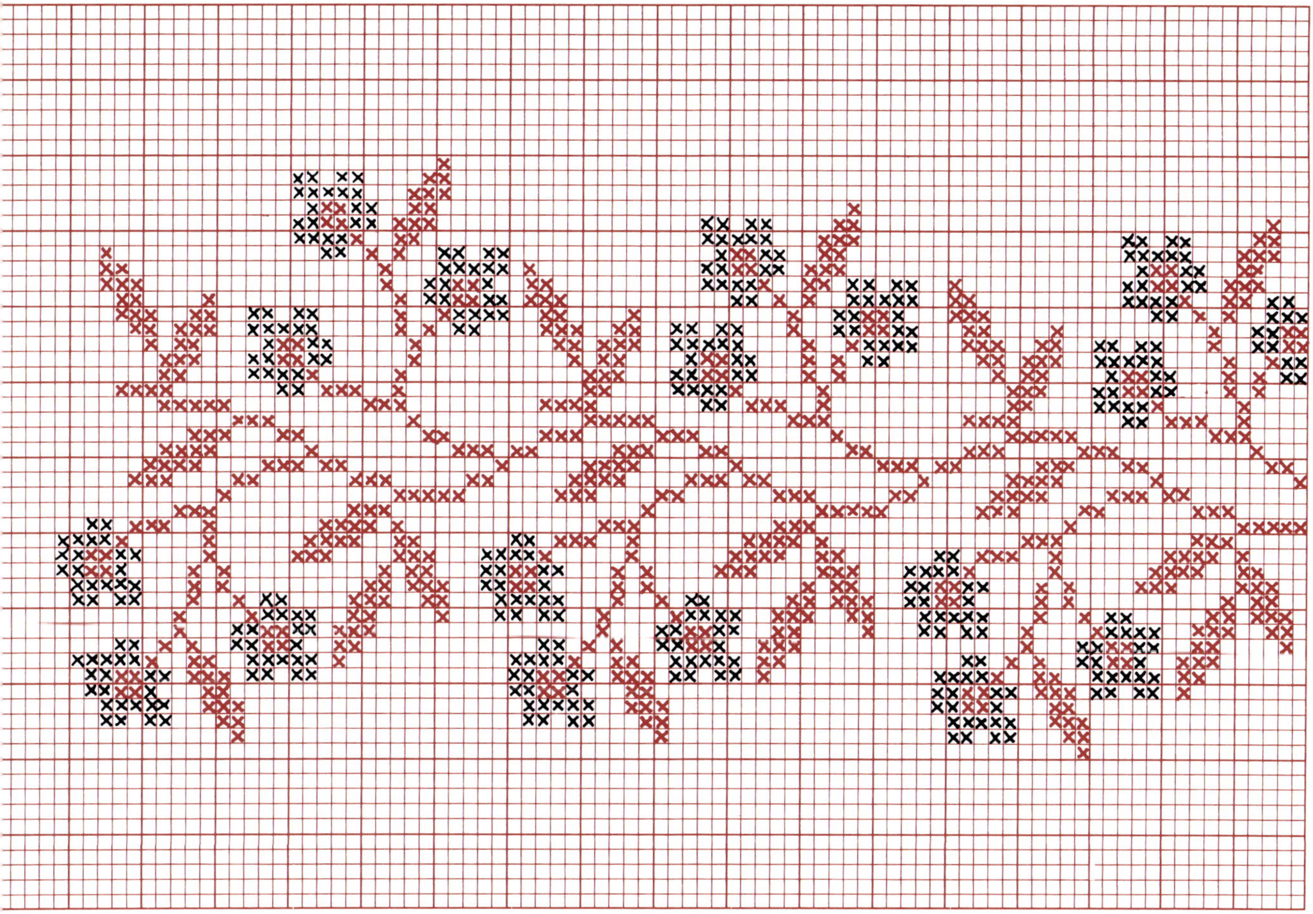

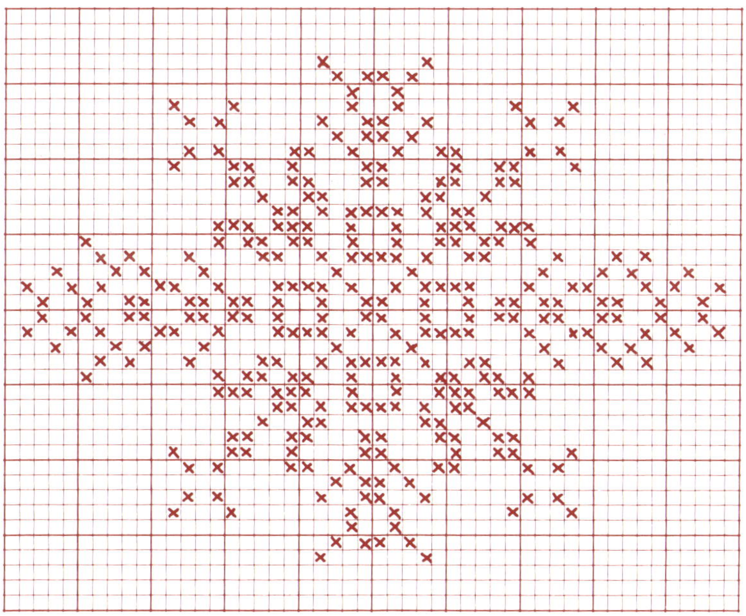

Eifersucht
ist eine
Leiden-
schaft

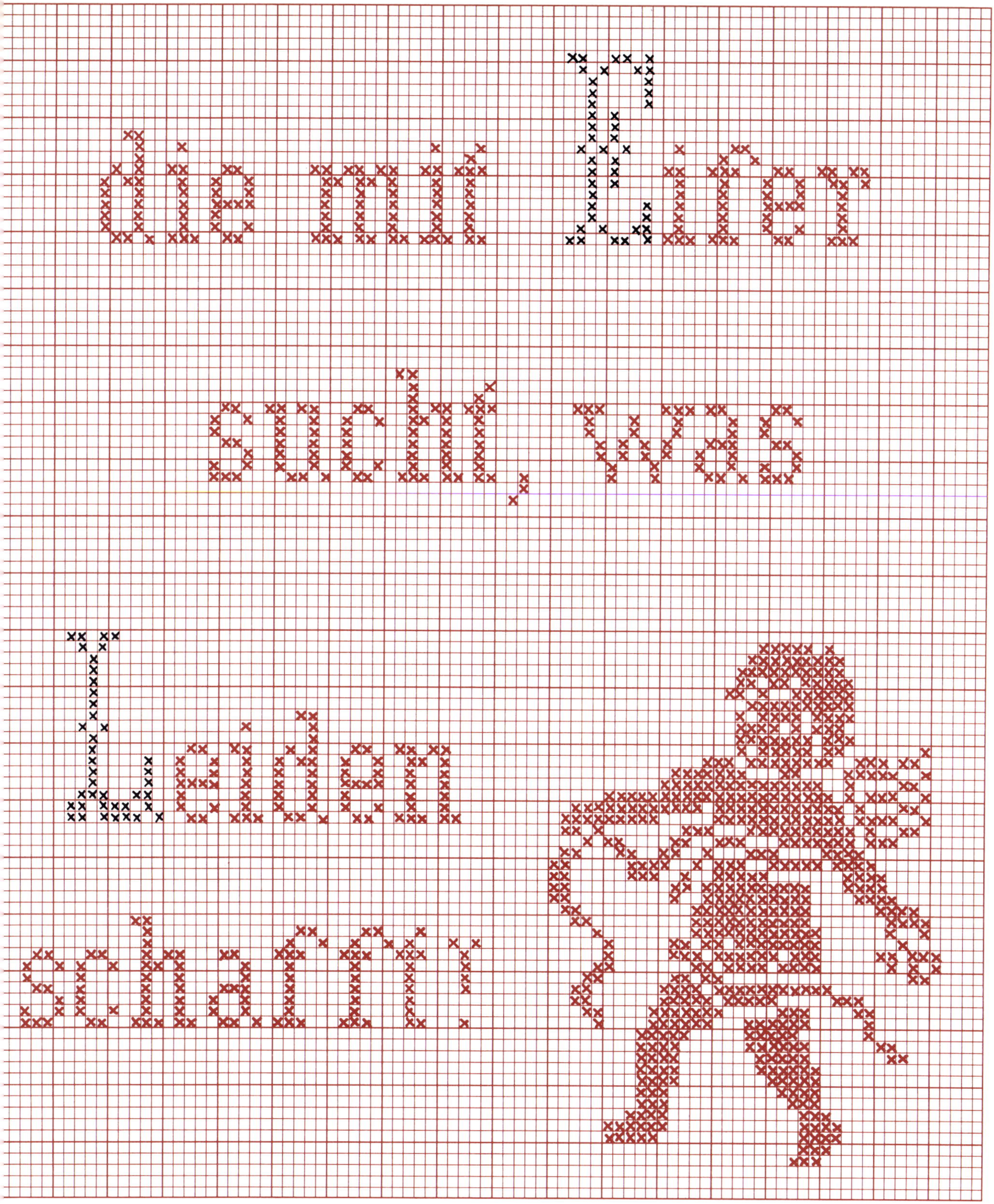
die mit Eifer
sucht, was
Leiden
schafft!

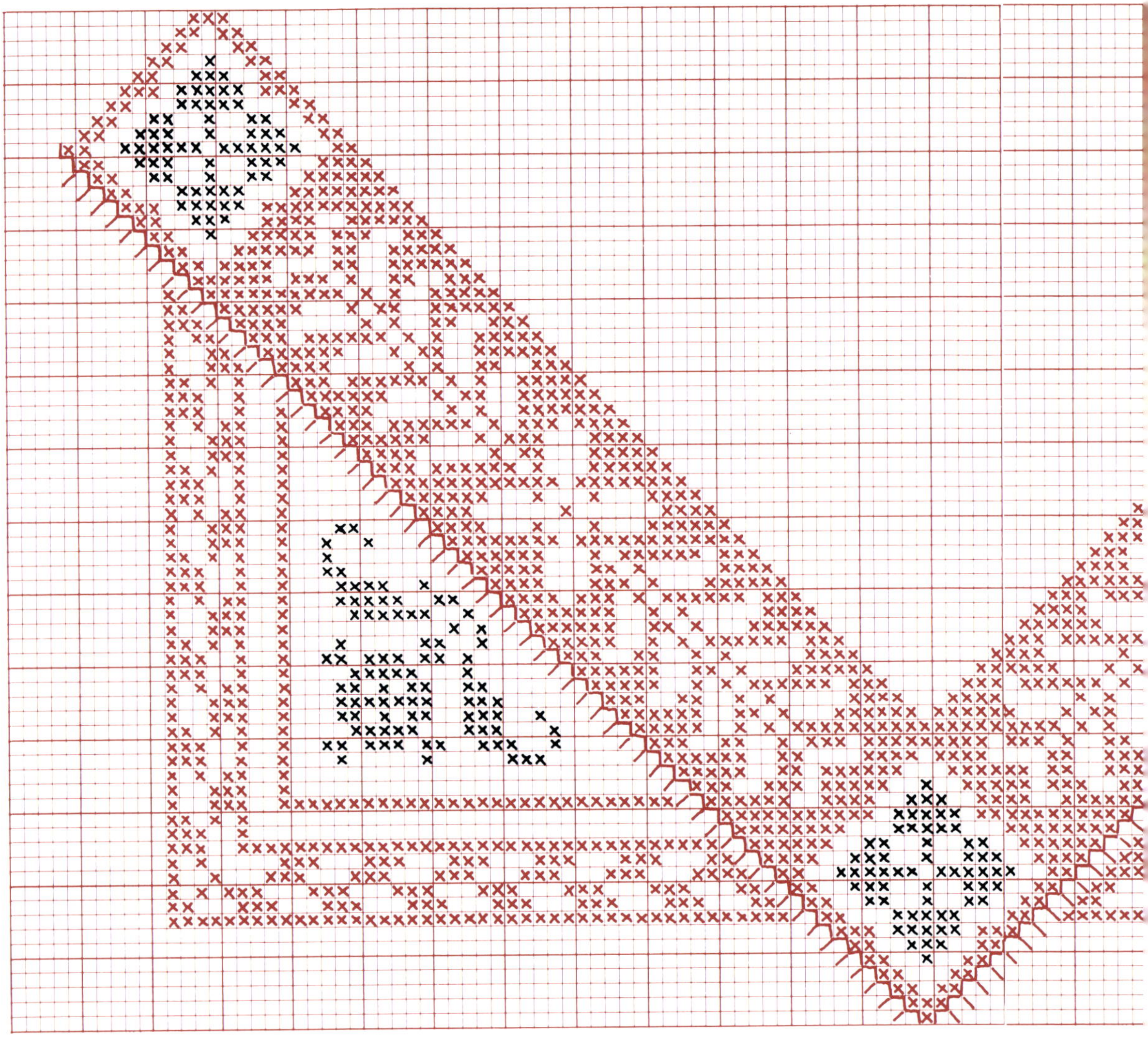

Um die Zeit der Jahrhundertwende haben unsere Großmütter wirklich alles bestickt. Sicher kennen Sie Fotos von Wohnzimmern und Küchen aus dieser Zeit. Obiges Muster war als Verzierung einer Hülle für die Nähmaschine gedacht… Ich habe das hübsche Muster „verdoppelt“ und auf ein Sofakissen gestickt (Foto Seite 35). Auf gut zählbarem Leinen mit 10 Fäden pro cm wurde es 25 x 25 cm groß. MEZ-Sticktwist habe ich zweifädig in Grün Nr. 875 und 878 verwendet.

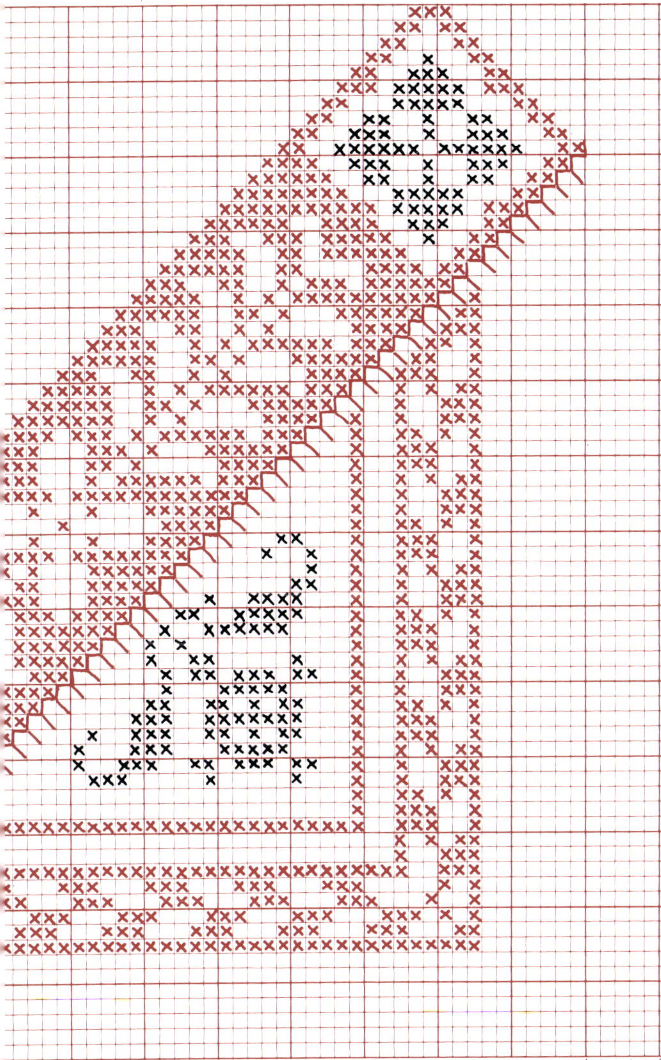

Nr. 61. Reisekorb mit Stickerei.
Dessin: Rücks. d. Suppl., Nr. XXIV, Fig. 57 und 58.

Dieses Muster ziert das Kleid des Fatschenkindls auf der gegenüberliegenden Seite. Ich habe dafür naturweißes Seidenleinen genommen. Die Fäden dieses Stoffes waren zwar nicht immer gleichmäßig, aber auf die Gesamtwirkung hatte das keinen Einfluß. Gestickt habe ich mit einfädigem Twist in der Farbe, die das Seidenleinen für die Schachtelauskleidung hat. (Traditionell soll ein Fatschenkindl rot ausgestattet werden. Mir gefällt es aber so auch sehr gut!) Die schwarzen Kreise geben die Stellen an, an denen ich die Perlen aufgenäht habe. Daß man dieses Muster aber auch ganz anders verwenden kann, können Sie auf dem Foto Seite 43 mit den Briefkarten sehen.

Für die Briefkarten Seite 43 habe ich diese Blümchen mit mehreren Farben gestickt.

Die gelbe Blume

MEZ-Sticktwist

gelb	298
	308
grün	858
	860
braun	352

Das Gänseblümchen

rosa	73	
	76	
hellgelb	301	
grün	842	für den Rand der gelben Mitte
	844	
	846	

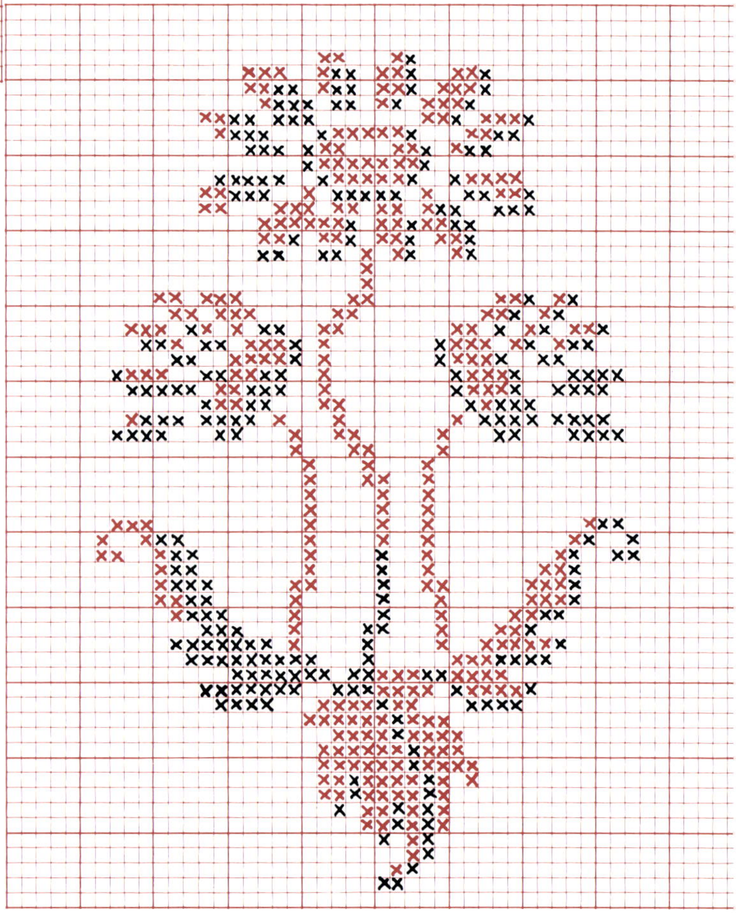

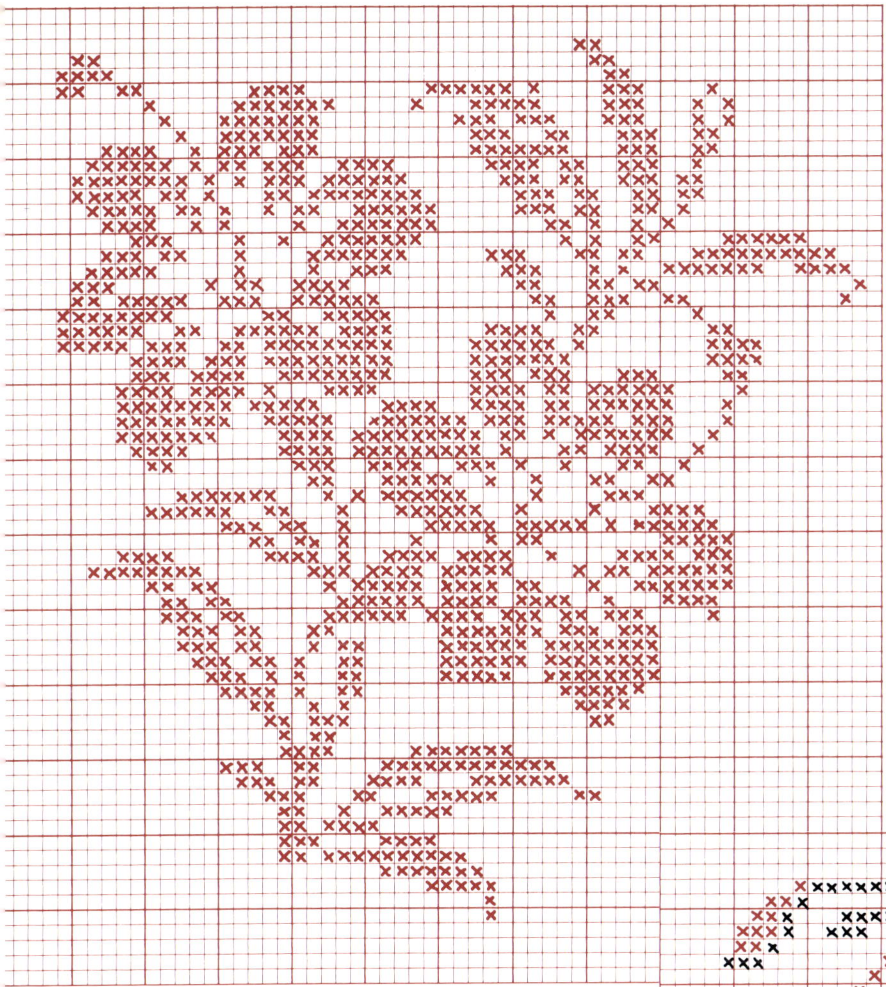

Die Lilie

rot	13
gelb	301
	306
grün	846

Die Glockenblume

blau	131
	132
grün	858
	860

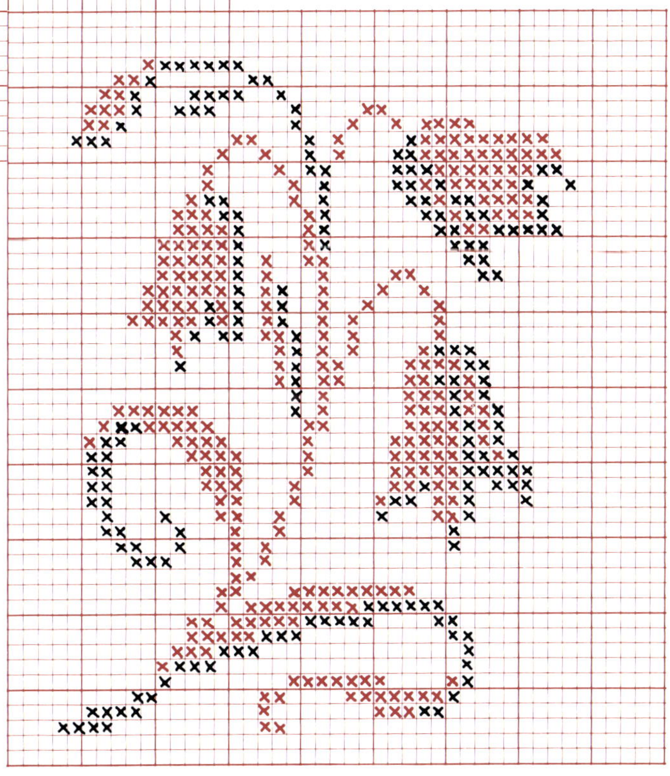

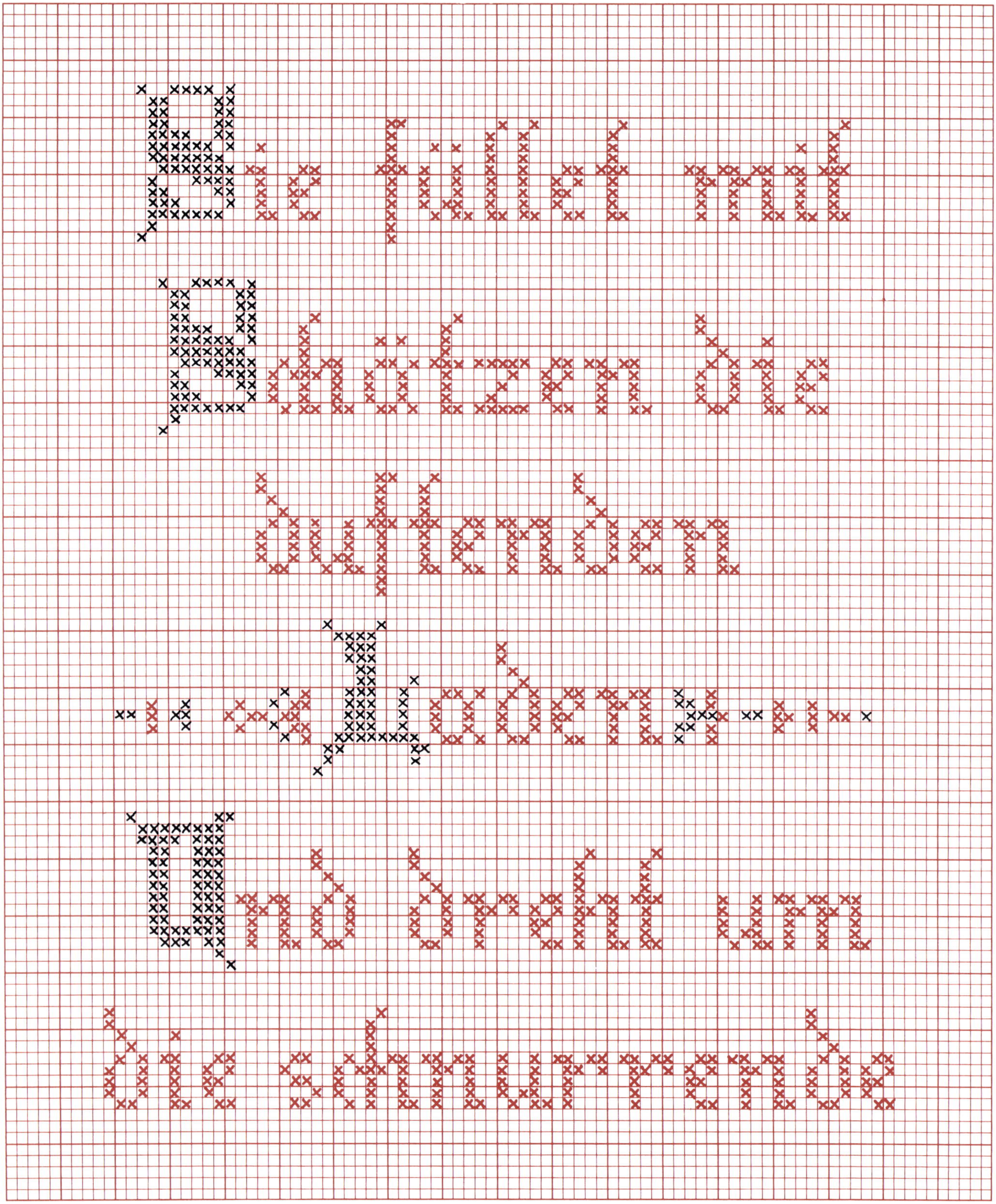
Die füllet mit
Schätzen die
duftenden
Laden
Und dreht um
die schnurrende

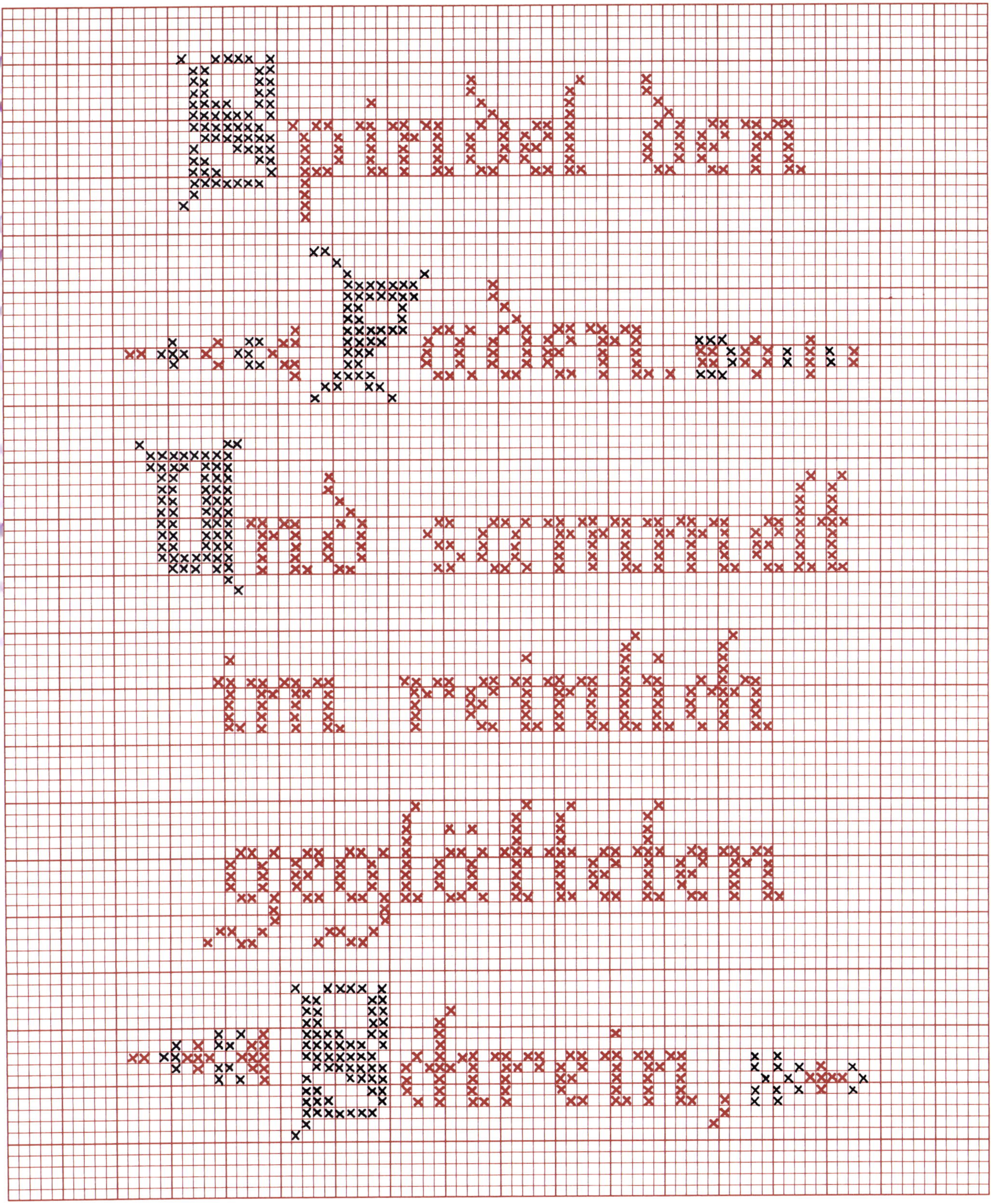
Spindel den
Faden,
Und sammelt
im reinlich
geglätteten
Schrein,

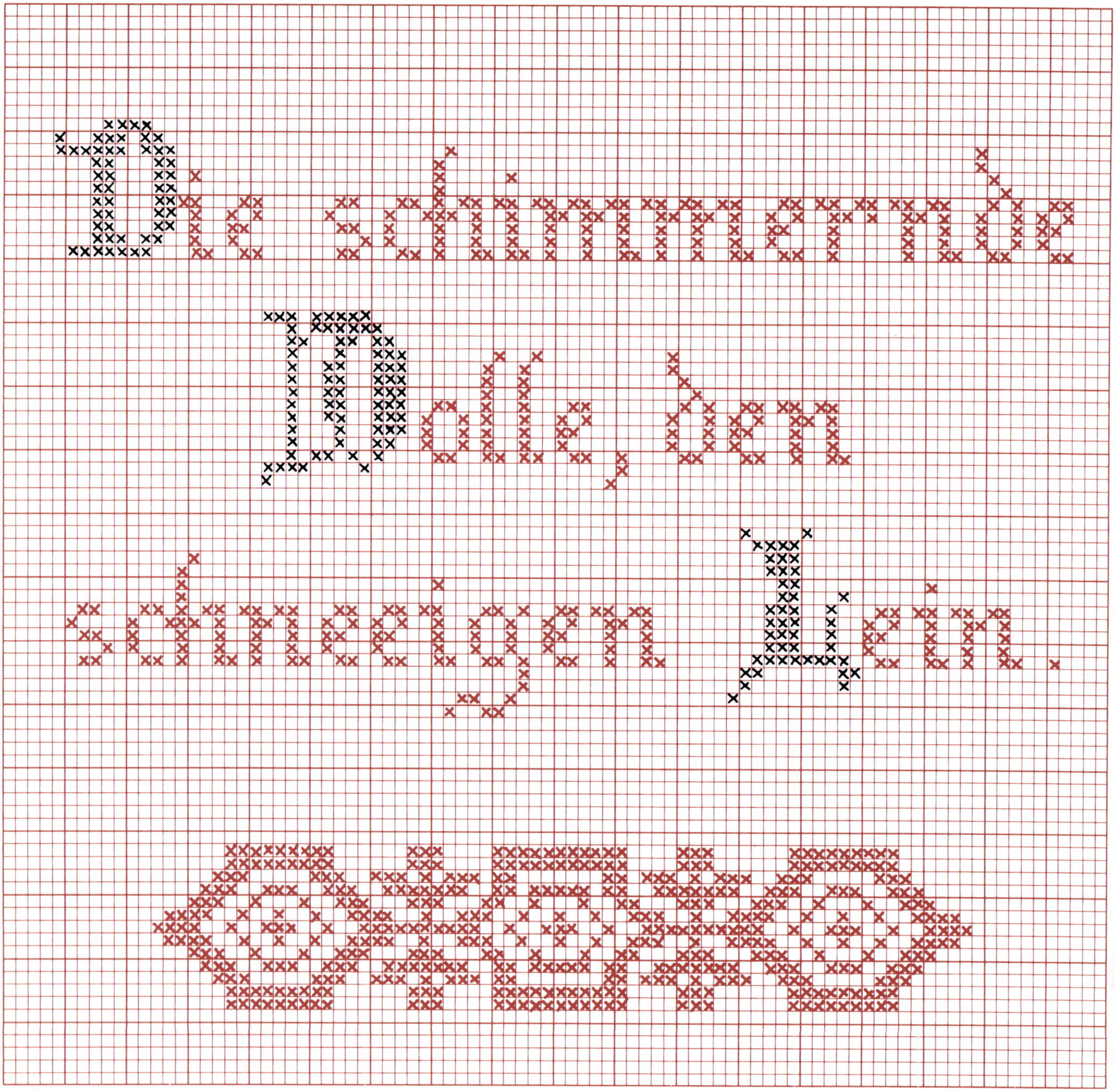

Die Rückseite des Blattes, auf dem ich diesen Spruch fand, verheißt mir die Auszahlung eines Rabattes für das Jahr 1891. Näheres dazu wird mir in der „Pädagogischen Zeitung" desselben Jahres im Novemberheft mitgeteilt.

Ein eigner Herd
ist Goldes wert.
Ist er auch arm,
hält er doch warm.

Sonderausgabe 2002 für den Weltbild Verlag, Augsburg.

6. Auflage

Alle Musterzeichnungen, alle Handarbeiten und alle Fotos in diesem Buch fertigte Barbara Müller.
Das Titelfoto wurde im Heimatmuseum der Stadt Starnberg aufgenommen.
Die Verfasserin dankt für die freundliche Genehmigung.

Satz: Stelzl-Gruppe, München
Druck und Bindung: Graphicom, Italien
Printed in Italy

ISBN 3-475-53321-9